Der perfekte

BUSINESSPLAN

für die Gastronomie

2026

Für wirtschaftlich tragfähige
Gastronomiekonzepte

Gerold Dawidowsky

Impressum

© 2026 Gerold Dawidowsky
Alle Rechte vorbehalten.

Dieses Werk ist urheberrechtlich geschützt. Jede Nutzung außerhalb der gesetzlich zulässigen Fälle bedarf der vorherigen schriftlichen Zustimmung des Autors. Dies gilt insbesondere für die Vervielfältigung, Verbreitung, Übersetzung, Speicherung, Verarbeitung oder Wiedergabe in elektronischer, mechanischer oder sonstiger Form.

Imprint: Independently published
Coverdesign: Gerold Dawidowsky
ISBN: 9798749842029

Einleitung

Dieser Ratgeber richtet sich an Menschen, die nicht nur von der Selbstständigkeit in der Gastronomie träumen, sondern bereit sind, sie realistisch, bewusst und mit klarem Blick anzugehen.

Er ist für alle gedacht, die ein Café, Bistro, eine Bar, einen Foodtruck oder ein kleines Restaurant eröffnen oder wirtschaftlich überprüfen möchten – unabhängig davon, ob du als Quereinsteiger:in startest oder bereits Branchenerfahrung mitbringst. Für Menschen, die verstehen wollen, wie moderne Gastronomie heute wirklich funktioniert: wirtschaftlich tragfähig, menschlich geführt, nachhaltig gedacht und praxisnah umgesetzt.

Du findest hier keinen Schönwetter-Ratgeber und keine romantisierten Erfolgsgeschichten. Stattdessen bekommst du ehrliche Einblicke, klare Strukturen, praxiserprobtes Wissen und konkrete Werkzeuge, mit denen du fundierte Entscheidungen treffen kannst – von der ersten Überlegung bis zum laufenden Betrieb.

Dieses Buch will dich nicht überreden. **Es will dich befähigen.**

Hinweis zu Sprache, Form & KI-Unterstützung

In diesem Ratgeber wird überwiegend eine gendergerechte Sprache verwendet. In einzelnen Abschnitten wurde zugunsten der Lesbarkeit bewusst auf vereinfachte Formulierungen zurückgegriffen. Alle Bezeichnungen gelten selbstverständlich für alle Geschlechter.

Der Ratgeber wurde unterstützend mit Hilfe Künstlicher Intelligenz erstellt, insbesondere bei Textkorrekturen, Strukturierung und Ideenentwicklung. Die inhaltliche Verantwortung, fachliche Bewertung und finale Ausgestaltung liegen vollständig bei mir als Autor.

Der gesamte Ratgeber ist bewusst in der **Du-Form** geschrieben – so, wie sie in der Gastronomie unter Kolleg:innen, im Team und im Alltag üblich ist: **direkt, persönlich und auf Augenhöhe.**

Haftungsausschluss

Dieses Buch basiert auf meinen eigenen Erfahrungen, Recherchen und Einschätzungen aus vielen Jahren in und mit der Gastronomie. Alle Inhalte wurden sorgfältig und nach bestem Wissen erstellt. Dennoch kann keine Garantie für Vollständigkeit, Aktualität oder die individuelle Übertragbarkeit auf jede persönliche Situation übernommen werden.

Gastronomie ist vielfältig, dynamisch und stark von äußeren Faktoren geprägt – etwa durch gesetzliche Vorgaben, regionale Besonderheiten, Marktbedingungen oder persönliche Voraussetzungen. Die Inhalte dieses Buches ersetzen daher keine individuelle rechtliche, steuerliche oder betriebswirtschaftliche Beratung durch entsprechend qualifizierte Fachpersonen oder zuständige Stellen.

Die beschriebenen Beispiele, Strategien und Empfehlungen sollen dir Orientierung geben, zum Nachdenken anregen und dich bei deinen eigenen Entscheidungen unterstützen. Wie und in welchem Umfang du sie umsetzt, liegt in deiner eigenen Verantwortung. Für wirtschaftliche Ergebnisse, Investitionsentscheidungen oder mögliche Folgen aus der Anwendung der Inhalte kann keine Haftung übernommen werden.

Bitte prüfe wichtige rechtliche, finanzielle und organisatorische Fragen stets zusätzlich anhand aktueller Informationen und persönlicher Beratung.

Dieses Buch möchte dich begleiten, stärken und ermutigen – nicht bevormunden.

Inhalt

Ein Wort vorab 3

Wie du dieses Buch nutzt 5

TEIL I 7

Dein Businessplan 2026 7

Kapitel 1 9

Warum dein Businessplan über Erfolg entscheidet 9

Kapitel 2 13

Für wen du diesen Businessplan schreibst 13

TEIL II 17

Wirtschaftliche Logik statt Konzept-Romantik ... 17

Kapitel 3 19

Das Konzept – nur so viel wie nötig 19

Kapitel 4 23

Markt, Standort & Wettbewerb - zahlenbasiert ... 23

TEIL III 31

Umsatzplanung: das Herzstück des Businessplans 31

Kapitel 5 33

Umsatz realistisch planen – Schritt für Schritt ... 33

Kapitel 6 41

Umsatzannahmen erklären – so liest die Bank ... 41

TEIL IV 45

Kosten, die über alles entscheiden 45

Kapitel 7 47

Fixkosten – vollständig und ehrlich 47

Kapitel 8 51

Wareneinsatz & Preislogik – rechnen statt hoffen 51

Kapitel 9 .... **55**

Personalplanung – realistisch 55

TEIL V **59**

Tragfähigkeit, Deckungsbeitrag & Break-even ... 59

Kapitel 10 .... **61**

Deckungsbeitrag verstehen und nutzen 61

Kapitel 11 .... **65**

Break – even – der wichtigste Punkt im Plan 65

TEIL VI **69**

Szenarien & Liquidität 69

Kapitel 12 .... **71**

Szenarienrechnung – Plan A, B und C 71

Kapitel 13 .... **75**

Liquiditätsplanung – wichtiger als Gewinn 75

TEIL VII **79**

Finanzierung & Bankgespräch 79

Kapitel 14 .... **81**

Finanzierung realistisch vorbereiten 81

Kapitel 15 .... **87**

Typische Denkfehler im Businessplan 87

Kapitel 16 .... **95**

Praxisbeispiele 95

Kapitel 17 .... **105**

Der Businessplan im Bankgespräch 105

TEIL VIII **109**

Businessplan Form & Aufbau 109

Kapitel 18 .... **111**

Form, Aufbau & Präsentation des Businessplans 111

Kapitel 19 .... **125**

Arbeiten mit dem Businessplan im Alltag 125

Checklisten **129**

Businessplan-Checkliste 131

Checkliste Bankgespräch & Finanzierung 135

Finale Worte **139**

Bonus für dich: **143**

Kostenlose Vorlagen & Arbeitshilfen 143

Über den Autor **145**

Ein Wort vorab

Dieses Buch ist aus der Praxis entstanden. Nicht aus der Theorie, nicht aus Modellen, sondern aus realen Zahlen, echten Gesprächen mit Banken und vielen Jahren Erfahrung in der Gastronomie.

Ich habe in dieser Zeit unzählige Businesspläne gesehen. Gute, mittelmäßige – und viele, die von Anfang an keine Chance hatten. Nicht, weil die Idee schlecht war, sondern weil die wirtschaftliche Logik nicht gestimmt hat.

Genau hier setzt dieses Buch an.

Der Businessplan wird oft als lästige Pflicht verstanden. Etwas, das man schreibt, weil es verlangt wird. Für die Bank. Für Förderstellen. Für irgendwen. Dabei ist er das wichtigste Instrument, das du hast, um fundierte Entscheidungen zu treffen – lange bevor Geld verloren geht.

Dieses Buch ist kein Motivationsratgeber. Es ist auch kein Gründungsbuch im klassischen Sinne. Es ist ein Arbeitsbuch für Menschen, die bereit sind, ihre Zahlen ehrlich zu betrachten. Nicht, um Träume kleinzurechnen – sondern um sie tragfähig zu machen.

Wenn du dieses Buch durcharbeitest, wirst du an manchen Stellen bestätigt werden. An anderen wirst du Annahmen hinterfragen müssen. Beides ist richtig. Beides ist notwendig.

Wie du dieses Buch nutzt

Dieses Buch zeigt dir nicht, wie man ein Gastronomiekonzept erfindet. Es zeigt dir, wie man überprüft, ob ein Konzept wirtschaftlich funktioniert.

Für wen dieses Buch gedacht ist

Dieses Buch ist für dich, wenn du:

- einen Gastronomiebetrieb gründen oder übernehmen willst
- einen Businessplan für Finanzierung oder Förderung erstellen musst
- dein bestehendes Konzept wirtschaftlich überprüfen willst
- bessere Entscheidungen auf Zahlenbasis treffen möchtest

Für wen dieses Buch nicht gedacht ist

Dieses Buch ist nicht für dich, wenn du:

- Zahlen nur grob schätzen willst
- Risiken ausblenden möchtest

erwartest, dass ein Businessplan Probleme „schönrechnet"

- schnelle Bestätigung suchst

Was dieses Buch leistet

Dieses Buch hilft dir:

- Umsätze nachvollziehbar herzuleiten
- Kosten vollständig und realistisch zu erfassen
- Tragfähigkeit nachzuweisen
- Szenarien zu denken, bevor sie eintreten

- deinen Businessplan im Gespräch souverän zu vertreten

Der Fokus liegt konsequent auf:

- Logik
- Struktur
- Zahlen
- Entscheidungsfähigkeit

Was dieses Buch bewusst nicht leistet

- Es liefert keine fertigen Wunschzahlen
- Es verkauft keine Erfolgsgarantien
- Es ersetzt keine Verantwortung

So arbeitest du mit diesem Buch

Lies das Buch nicht wie einen Roman. Arbeite damit.

- Nimm dir Zeit für die Zahlenkapitel
- rechne selbst
- hinterfrage Annahmen
- passe Modelle auf deine Realität an

Ein Businessplan ist kein Dokument für den Moment. Er ist ein Werkzeug für viele Entscheidungen, die noch kommen werden. Wenn du bereit bist, dich darauf einzulassen, dann bist du hier richtig.

TEIL I

Dein Businessplan 2026

Kapitel 1

Warum dein Businessplan über Erfolg entscheidet

Ein Businessplan ist kein Pflichtdokument. Er ist auch kein notwendiges Übel auf dem Weg zur Finanzierung. Und schon gar nicht ist er eine theoretische Übung für Ordner oder Schublade.

Ein Businessplan ist das wichtigste Steuerungsinstrument, das du als Unternehmer:in in der Gastronomie hast.

Wenn dein Businessplan gut ist, triffst du bessere Entscheidungen. Wenn er schlecht ist – oder gar nicht existiert – triffst du sie trotzdem. Nur eben blind.

Planung ist keine Kür

Die Rahmenbedingungen in der Gastronomie haben sich dauerhaft verändert.Kosten sind höher, Personal ist knapper, Gäste preissensibler und Finanzierungen anspruchsvoller geworden. Gleichzeitig gibt es weniger Spielraum für Fehler.

Was früher mit Bauchgefühl und Improvisation noch eine Zeit lang funktionieren konnte, führt heute schnell in eine wirtschaftliche Sackgasse.

Ein Businessplan ist deshalb kein Dokument das man einmal schreibt und dann abhakt. Er ist ein Arbeitsinstrument, das dir hilft, unter Unsicherheit handlungsfähig zu bleiben.

Für wen du diesen Businessplan wirklich schreibst

Viele glauben, sie schreiben ihren Businessplan für die Bank. Das ist nur die halbe Wahrheit.

Du schreibst ihn:

- **für dich**, um dein Vorhaben wirtschaftlich zu verstehen
- **für Finanzierungspartner**, um Vertrauen aufzubauen
- **für Entscheidungen**, die du später treffen musst

Wenn du deinen Businessplan nur schreibst, um Geld zu bekommen, nutzt du vielleicht zehn Prozent seines Potenzials. Die restlichen neunzig Prozent liegen darin, dass du dein eigenes Geschäftsmodell wirklich durchdringst.

Ein guter Businessplan beantwortet keine Wunschfragen

Er beantwortet keine Fragen wie:

- Was wünsche ich mir?
- Was wäre schön, wenn es klappt?

Sondern:

- Was muss passieren, damit dieses Geschäft wirtschaftlich funktioniert?
- Welche Zahlen tragen das Konzept – und welche nicht?
- Was passiert, wenn es schlechter läuft als geplant?

Ein Businessplan ist dann gut, wenn er dir auch Antworten gibt, die du nicht hören willst.

Warum Banken heute anders lesen

Finanzierungspartner schauen nicht zuerst auf die Idee. Sie schauen auf:

- Logik
- Nachvollziehbarkeit
- Rechenwege
- Reaktionsfähigkeit

Sie wissen: Niemand kann die Zukunft exakt planen. Aber sie erwarten, dass du verstanden hast, welche Stellschrauben dein Geschäft steuern.

Ein Businessplan überzeugt nicht durch Optimismus. Er überzeugt durch **Realismus und Struktur**.

Businessplan heißt Verantwortung übernehmen

Mit jedem Euro Umsatz, den du planst, übernimmst du Verantwortung. Mit jeder Kostenposition ebenso. Und mit jeder Annahme über Personal, Öffnungszeiten oder Auslastung erst recht.

Ein sauber ausgearbeiteter Businessplan zeigt:

- dass du Risiken erkennst
- dass du sie einordnen kannst
- und dass du weißt, wie du darauf reagieren würdest

Das ist unternehmerische Reife.

Was dich in diesem Buch erwartet

Dieses Buch zeigt dir nicht, wie man gründet. Dafür gibt es andere Ratgeber.

Dieses Buch zeigt dir:

- wie ein wirtschaftlich tragfähiger Businessplan entsteht
- wie Zahlen logisch aufgebaut werden
- wie Tragfähigkeit nachgewiesen wird
- und wie du deinen Businessplan im Gespräch souverän vertrittst

Der Fokus liegt nicht auf schönen Worten, sondern auf funktionierenden Zahlen.

Wenn du bereit bist, ehrlich zu rechnen, klar zu denken und Verantwortung für deine Annahmen zu übernehmen, dann ist dieses Buch für dich.

Kapitel 2

Für wen du diesen Businessplan schreibst

Ein Businessplan hat immer Leser:innen. Auch dann, wenn du glaubst, ihn nur für dich zu schreiben.

Der Fehler vieler Businesspläne liegt nicht in den Zahlen, sondern darin, dass unklar ist, für wen sie gedacht sind. Zahlen ohne Adressat bleiben abstrakt. Und abstrakte Zahlen überzeugen niemanden.

Der wichtigste Leser: du selbst

Der erste und wichtigste Leser deines Businessplans bist du.

Nicht die Bank. Nicht ein Förderinstitut. Nicht ein externer Berater.

Wenn du deinen eigenen Businessplan nicht verstehst, wird es niemand anderes tun.

Ein guter Businessplan hilft dir:

- Entscheidungen vorzubereiten
- Risiken früh zu erkennen
- Alternativen durchzudenken
- dein eigenes Vorhaben nüchtern zu bewerten

Er ist kein Beweis deiner Begeisterung, sondern ein Spiegel deiner Annahmen.

Der Businessplan als Entscheidungswerkzeug

Du wirst im Laufe der Zeit Entscheidungen treffen müssen, bei denen dein Bauchgefühl allein nicht ausreicht:

- Soll die Öffnungszeit ausgeweitet werden?
- Ist eine zusätzliche Stelle finanzierbar?

- Können Preise angepasst werden, ohne Nachfrage zu verlieren?
- Wie reagierst du auf Umsatzrückgänge?

Ein sauber aufgebauter Businessplan liefert dir dafür die Grundlage. Nicht, weil er die Zukunft kennt, sondern weil er Zusammenhänge sichtbar macht.

Der zweite Leser: Finanzierungspartner

Banken, Förderstellen und Investor:innen lesen Businesspläne anders als Unternehmer:innen.

Sie fragen nicht:

- Gefällt mir das Konzept?

Sondern:

- Ist dieses Vorhaben wirtschaftlich tragfähig?
- Sind die Annahmen nachvollziehbar?
- Kann die Person mit Abweichungen umgehen?

Ein Businessplan für Finanzierungspartner muss:

- logisch aufgebaut sein
- Zahlen erklären, nicht nur zeigen
- Risiken benennen
- Reaktionen darauf sichtbar machen

Optimismus überzeugt hier nicht. Struktur schon.

Warum eine Version selten reicht

Ein häufiger Fehler ist der Versuch, **einen** Businessplan für alle zu schreiben.

Das funktioniert selten.

Du brauchst:

- eine **Arbeitsversion**, mit der du selbst rechnest, steuerst und anpasst

- eine **Präsentationsversion**, die strukturiert, klar und erklärbar ist

Die Inhalte sind ähnlich. Die Gewichtung ist unterschiedlich.

Der Fehler entsteht, wenn du versuchst, deine Arbeitsnotizen direkt als Entscheidungsgrundlage für Dritte zu verwenden – oder umgekehrt.

Was Leser:innen in deinem Businessplan suchen

Unabhängig davon, wer ihn liest, werden immer dieselben Punkte geprüft:

- Sind Umsätze logisch hergeleitet?
- Sind Kosten vollständig erfasst?
- Passt die Personalplanung zur Öffnungszeit?
- Ist die Liquidität gesichert?
- Gibt es einen Plan für Abweichungen?

Ein Businessplan überzeugt nicht durch Perfektion. Er überzeugt durch Nachvollziehbarkeit.

Was niemand in deinem Businessplan sucht

- lange Erklärungen, warum Gastronomie anstrengend ist
- allgemeine Branchentrends ohne Bezug zu deinen Zahlen
- Wunschannahmen ohne Begründung
- Ausreden für unklare Positionen

Ein Businessplan ist kein Schutzschild. Er ist ein Werkzeug.

Klarheit schafft Vertrauen

Je klarer dein Businessplan zeigt, **für wen** er geschrieben ist, desto glaubwürdiger wirkt er.

Wenn du weißt, was du selbst brauchst, um Entscheidungen zu treffen, kannst du auch erklären, was andere brauchen, um dir zu vertrauen.

Genau darauf bauen die nächsten Kapitel auf. Ab jetzt geht es nicht mehr um Absichten – sondern um Zahlen.

TEIL II

Wirtschaftliche Logik statt Konzept-Romantik

Kapitel 3

Das Konzept – nur so viel wie nötig

Ein Gastronomiekonzept ist wichtig. Aber im Businessplan ist es nicht der Star.

Der häufigste Fehler vieler Businesspläne ist, dass das Konzept zu viel Raum einnimmt – und die wirtschaftliche Logik dahinter zu wenig. Schöne Beschreibungen ersetzen keine Zahlen. Und Begeisterung ersetzt keine Tragfähigkeit.

In diesem Buch gilt deshalb ein klarer Grundsatz:

Das Konzept dient den Zahlen – nicht umgekehrt.

Was ein Konzept im Businessplan leisten muss

Ein Konzept hat im Businessplan eine einzige Aufgabe: Es muss erklären, warum genau diese Zahlen plausibel sind.

Nicht mehr. Nicht weniger.

Es geht nicht darum, deine Idee auszubreiten oder deine Leidenschaft zu beweisen. Es geht darum, einen wirtschaftlichen Rahmen zu schaffen, in dem Umsätze, Kosten und Personalplanung logisch hergeleitet werden können.

Ein gutes Konzept im Businessplan beantwortet deshalb vor allem diese Fragen:

- Was wird angeboten?
- Für wen?
- Wann?
- Zu welchem Preisniveau?
- In welchem Umfang?

Alles, was darüber hinausgeht, ist optional – aber nicht entscheidend.

Was Banken wirklich lesen

Finanzierungspartner überfliegen das Konzept meist schneller, als viele denken. Sie suchen keine Inspiration, sondern Orientierung.

Sie prüfen:

- Ist klar, was verkauft wird?
- Ist erkennbar, wer zahlen soll?
- Passt das Angebot zur geplanten Betriebsgröße?
- Sind Öffnungszeiten, Angebot und Personal logisch aufeinander abgestimmt?

Lange Geschichten, Emotionen oder Visionen werden hier nicht bewertet. Sie werden übersprungen.

Positionierung statt Beschreibung

Ein häufiger Denkfehler:

Je detaillierter ich mein Konzept beschreibe, desto überzeugender wirkt es.

Das Gegenteil ist oft der Fall.

Überzeugend ist nicht die Detailtiefe, sondern die Klarheit der Positionierung.

Ein gutes Konzept im Businessplan lässt sich in wenigen Sätzen zusammenfassen:

- Welche Zielgruppe?
- Welcher Anlass?
- Welches Preisniveau?

Wenn das nicht gelingt, wird es auch mit den Zahlen schwierig.

Das Konzept als wirtschaftliche Annahme

Jedes Konzept enthält Annahmen:

- über Gästezahlen

- über Zahlungsbereitschaft
- über Auslastung
- über Wiederkehrraten

Diese Annahmen müssen nicht perfekt sein. Aber sie müssen offen benannt werden.

Ein Businessplan wird nicht dadurch besser, dass Annahmen versteckt werden. Er wird besser, wenn sie sichtbar und überprüfbar sind.

Was du weglassen kannst – und solltest

Im Businessplan verzichtbar sind:

- lange Brancheneinordnungen
- Trendanalysen ohne Bezug zu deinen Zahlen
- emotionale Leitbilder
- detaillierte Einrichtungsbeschreibungen

All das kann an anderer Stelle sinnvoll sein. Im Businessplan lenkt es ab.

Was unbedingt hineinmuss

Unverzichtbar sind:

- klare Angebotsstruktur
- definierte Zielgruppe
- geplante Öffnungszeiten
- Größenordnung des Betriebs
- Einordnung des Preisniveaus

Diese Punkte bilden die Brücke zu den nächsten Kapiteln. Denn erst wenn klar ist, was du betreibst, lässt sich sinnvoll rechnen.

Weniger Konzept ist oft mehr

Ein schlankes, klar formuliertes Konzept wirkt professioneller als ein ausufernder Text. Es zeigt, dass du weißt, worauf es ankommt – und worauf nicht.

Ab dem nächsten Kapitel geht es deshalb nicht mehr um Beschreibungen, sondern um Herleitungen.

Umsatz ist kein Gefühl. Er ist eine Konsequenz aus dem, was du hier festgelegt hast.

Kapitel 4

Markt, Standort & Wettbewerb - zahlenbasiert

Markt- und Standortanalysen werden in Businessplänen oft überschätzt – und gleichzeitig falsch genutzt. Seitenlange Beschreibungen von Stadtteilen, Bevölkerungsstrukturen oder allgemeinen Branchentrends ersetzen keine wirtschaftliche Herleitung.

Im Businessplan geht es nicht darum zu zeigen, dass du deinen Standort magst.

Es geht darum zu erklären, warum an genau diesem Ort Umsätze in genau dieser Höhe realistisch sind.

Der Markt ist kein Gefühl

Viele Businesspläne arbeiten mit Aussagen wie:

- „Der Markt bietet großes Potenzial."
- „Die Lage ist sehr attraktiv."
- „Es gibt wenig Konkurrenz."

Solche Aussagen sagen nichts aus – solange sie nicht mit Zahlen unterlegt sind.

Der Markt ist keine Stimmung. Er ist ein Umsatzrahmen, den du begründen musst.

Standortanalyse: Relevanz statt Romantik

Ein guter Standort ist nicht automatisch ein schöner Standort. Und eine hohe Passantenfrequenz ist kein Umsatzgarant.

Im Businessplan zählen vor allem folgende Fragen:

- Wie viele potenzielle Gäste bewegen sich tatsächlich im Einzugsgebiet?
- Zu welchen Tageszeiten?

- Mit welchem Anlass?
- Mit welcher Zahlungsbereitschaft?

Ein Standort kann für den Mittag funktionieren, für den Abend aber ungeeignet sein. Oder umgekehrt. Diese Unterschiede müssen sich später in deiner Umsatzplanung wiederfinden.

Einzugsgebiet sinnvoll definieren

Nicht jeder Mensch im Umkreis ist automatisch potenzieller Gast.

Definiere dein Einzugsgebiet realistisch:

- fußläufig
- mit dem Fahrrad
- mit öffentlichen Verkehrsmitteln
- mit dem Auto

Je nach Konzept, Tageszeit und Anlass unterscheidet sich dieses Einzugsgebiet erheblich. Ein Café am Morgen funktioniert anders als eine Bar am Abend. Ein Foodtruck anders als ein Restaurant.

Diese Differenzierung ist kein Detail. Sie ist Grundlage deiner Umsatzannahmen.

Wettbewerb: vergleichen, nicht bewerten

Viele Businesspläne neigen dazu, den Wettbewerb schlechtzureden oder auszublenden. Beides wirkt unglaubwürdig.

Ein Wettbewerbsvergleich dient nicht dazu, andere Konzepte zu bewerten. Er dient dazu, deine eigene Position einzuordnen.

Relevant sind:

- Anzahl vergleichbarer Betriebe
- Preisniveau

- Öffnungszeiten
- Angebotsschwerpunkte
- Auslastung zu bestimmten Zeiten

Nicht relevant sind:

- persönliche Meinungen
- Geschmack
- Einrichtungsdetails

Wenn es in deinem Umfeld bereits ähnliche Betriebe gibt, ist das kein Nachteil. Es zeigt Nachfrage. Entscheidend ist, wie viel Marktanteil realistisch erreichbar ist.

Marktanteil statt Wunschdenken

Ein häufiger Fehler ist die Annahme, dass neue Betriebe schnell große Marktanteile erreichen.

Für den Businessplan gilt:

- Starte konservativ
- plane Anlaufphasen
- berücksichtige Gewohnheiten der Gäste

Ein Marktanteil von wenigen Prozent kann wirtschaftlich ausreichend sein – wenn er realistisch hergeleitet ist.

Banken trauen kleinen, plausiblen Zahlen mehr als großen, unbegründeten.

Vom Markt zur Zahl

Die Markt- und Standortanalyse ist kein eigenes Kapitel, das für sich steht. Sie ist die Brücke zur Umsatzplanung.

Am Ende dieses Kapitels sollte klar sein:

- **Wer** potenziell kommt
- **Wann** diese Gäste kommen
- **Warum** sie zu dir kommen könnten
- **Wie oft** realistisch

Wenn du diese Fragen nicht beantworten kannst, wirst du im nächsten Kapitel keine belastbaren Umsätze planen können.

Was in den Businessplan gehört – und was nicht

In den Businessplan gehören:

- kurze, klare Marktbeschreibung
- realistische Einordnung des Standorts
- nachvollziehbarer Wettbewerbsüberblick

Nicht hinein gehören:

- allgemeine Branchendaten ohne Bezug
- ausufernde Stadtbeschreibungen
- Wunschannahmen ohne Begründung

Ein Businessplan überzeugt nicht durch Umfang. Er überzeugt durch Logik.

Klarheit schafft Glaubwürdigkeit

Je nüchterner du Markt, Standort und Wettbewerb beschreibst, desto glaubwürdiger wird dein Businessplan. Wer Risiken benennt, wirkt kompetent. Wer alles schönredet, verliert Vertrauen.

Im nächsten Kapitel geht es deshalb nicht mehr um den Rahmen – sondern um die konkrete Ableitung von Umsätzen.

Denn am Ende zählt nicht, wo du bist.Sondern, was dort realistisch möglich ist.

Praxisbeispiel: Standort realistisch bewerten

Ausgangslage

Geplant ist ein kleines Café mit 30 Sitzplätzen in einer innerstädtischen Lage. Öffnungszeiten von Montag bis Samstag, jeweils von 8 bis 18 Uhr. Schwerpunkt: Frühstück, Kaffee, kleiner Mittagssnack.

Typischer Fehler

Der Standort liegt in einer belebten Straße mit hoher Passantenfrequenz. Daraus wird vorschnell geschlossen, dass „viele potenzielle Gäste" vorhanden sind.

Für den Businessplan reicht diese Annahme nicht.

Schritt 1: Einzugsgebiet eingrenzen

Fußläufig erreichbar innerhalb von fünf Minuten:

- ca. 1.200 Personen täglich (Pendler, Anwohner:innen, Büroangestellte)

Nicht alle sind potenzielle Gäste.

Relevant sind:

- Menschen mit Zeitfenster am Morgen oder in der Mittagspause
- Zahlungsbereitschaft im geplanten Preisniveau
- Bedarf an Kaffee, Frühstück oder Snack

Realistisch relevant:

- ca. **20–25 %** der Passanten

Schritt 2: Tageszeiten berücksichtigen

Beobachtung:

- Hohe Frequenz zwischen 7:30–9:30 Uhr
- Moderate Frequenz zur Mittagszeit
- Geringe Frequenz am Nachmittag

Realistische Annahme:

- Morgens: 40–50 Gäste
- Mittag: 25–30 Gäste
- Nachmittag: 15–20 Gäste

insgesamt ca. 80–100 Gäste pro Tag

Schritt 3: Wettbewerb einbeziehen

Im direkten Umfeld:

- zwei Bäckereien mit Cafébetrieb
- ein klassisches Café
- ein Schnellrestaurant

Schlussfolgerung:

- Bedarf ist vorhanden
- Markt ist verteilt
- Ein Marktanteil von **10–15 %** ist realistisch – nicht mehr

Diese Annahme ist für Banken nachvollziehbar, weil sie konservativ ist.

Schritt 4: Ableitung für den Businessplan

Aus dem Standort ergibt sich:

- kein Abendgeschäft
- begrenzte Sitzplatzrotation
- Fokus auf schnellen Umsatz pro Gast

Diese Erkenntnisse wirken direkt auf:

- Umsatzplanung
- Personalplanung
- Öffnungszeiten
- Wirtschaftlichkeit

Der Standort wird damit nicht bewertet, sondern eingeordnet.

Fazit des Praxisbeispiels

Der Standort entscheidet nicht über Erfolg oder Misserfolg. Entscheidend ist, ob du realistisch einschätzt, was an diesem Standort möglich ist – und was nicht.

Ein Businessplan überzeugt nicht, wenn er das Maximum plant. Er überzeugt, wenn er das Machbare sauber herleitet.

Genau darauf baut das nächste Kapitel auf.

TEIL III

Umsatzplanung: das Herzstück des Businessplans

Kapitel 5

Umsatz realistisch planen – Schritt für Schritt

Umsatz ist keine Hoffnung. Umsatz ist eine Annahme, die du begründen musst.

In kaum einem anderen Bereich scheitern Businesspläne so häufig wie bei der Umsatzplanung. Nicht, weil zu wenig gerechnet wird, sondern weil falsch gedacht wird. Wünsche werden mit Annahmen verwechselt, Erfahrungen mit Belegen.

Ein tragfähiger Businessplan braucht keine hohen Umsätze. Er braucht plausible Umsätze.

Der Grundsatz: Umsatz ist ableitbar

Umsatz entsteht nicht zufällig. Er ist das Ergebnis klarer Faktoren, die sich nachvollziehbar herleiten lassen.

Für die Gastronomie gilt eine einfache Formel:

Umsatz = Gäste × Durchschnittsbon × Öffnungstage

Diese Formel wirkt banal. Sie ist es nicht.

Denn jeder einzelne Faktor muss begründet werden.

Schritt 1: Gäste realistisch einschätzen

Die Frage lautet nicht:

Wie viele Gäste wären schön?

Sondern:

Wie viele Gäste sind unter den gegebenen Bedingungen realistisch?

Dabei spielen unter anderem eine Rolle:

- Standort und Einzugsgebiet
- Tageszeiten und Anlass

- Sitzplatzanzahl und Verweildauer
- Wettbewerb
- Öffnungszeiten

Wichtig ist: Plane lieber zu wenig als zu viel. Banken korrigieren zu optimistische Annahmen sofort – konservative wirken glaubwürdig.

Schritt 2: Durchschnittsbon nachvollziehbar bestimmen

Der Durchschnittsbon ist kein Wunschwert. Er ergibt sich aus:

- Preisniveau
- Angebotsstruktur
- Konsumverhalten der Zielgruppe
- Tageszeit

Ein Frühstücksgast konsumiert anders als ein Abendgast. Ein To-go-Gast anders als jemand, der sitzt.

Wenn dein Konzept mehrere Tageszeiten abdeckt, solltest du auch mehrere Bons rechnen – oder einen sauber gewichteten Durchschnitt.

Unrealistisch hohe Bons sind einer der häufigsten Ablehnungsgründe in Bankgesprächen.

Schritt 3: Öffnungstage sauber festlegen

Nicht jeder Kalendertag ist ein Verkaufstag.

Zu berücksichtigen sind:

- geplante Ruhetage
- Feiertage
- Urlaubszeiten
- Schließzeiten in der Anlaufphase

Ein Jahr hat 365 Tage. Dein Betrieb fast immer deutlich weniger Verkaufstage.

Diese Differenz macht im Businessplan einen erheblichen Unterschied.

Schritt 4: Tageszeiten getrennt denken

Ein großer Fehler ist es, Umsätze pauschal über den Tag zu verteilen.

Realistischer ist:

- Frühstück
- Mittag
- Nachmittag
- Abend

Nicht jede Tageszeit ist gleich stark. Nicht jede Tageszeit ist für jedes Konzept relevant.

Diese Differenzierung hilft:

- Umsätze besser zu begründen
- Personal realistischer zu planen
- Engpässe früh zu erkennen

Schritt 5: Anlaufphase berücksichtigen

Kaum ein Betrieb startet vom ersten Tag an mit voller Auslastung.

Für den Businessplan gilt:

- realistische Anlaufphase einplanen
- schrittweise Steigerung ansetzen
- keine Vollauslastung im ersten Monat

Banken erwarten keine perfekten Starts. Sie erwarten, dass du weißt, dass Anlaufphasen existieren.

Schritt 6: Plausibilitätscheck durchführen

Am Ende der Umsatzplanung solltest du dir einfache Kontrollfragen stellen:

- Passt der geplante Umsatz zur Sitzplatzanzahl?

- Passt er zur Öffnungszeit?
- Passt er zur Personalplanung?
- Passt er zum Wettbewerb?

Wenn du diese Fragen nicht schlüssig beantworten kannst, ist deine Umsatzplanung zu optimistisch – oder unklar.

Praxisbeispiel: Umsatz herleiten

Ein Café mit:

- 30 Sitzplätzen
- durchschnittlich 3 Sitzplatzrotationen pro Tag
- 80 Gäste täglich
- Durchschnittsbon 9,50 €
- 26 Öffnungstage pro Monat

Rechnung:

- Tagesumsatz: 80 × 9,50 € = 760 €
- Monatsumsatz: 760 € × 26 = 19.760 €

Diese Zahl wirkt auf den ersten Blick unspektakulär. Sie ist aber begründet – und genau das macht sie tragfähig.

Warum konservative Zahlen überzeugen

Ein Businessplan muss nicht beweisen, dass alles perfekt läuft. Er muss zeigen, dass dein Vorhaben auch dann funktioniert, wenn es nicht perfekt läuft.

Konservative Umsatzannahmen lassen:

- Spielraum für Abweichungen
- Glaubwürdigkeit entstehen
- Gespräche auf Augenhöhe zu

Optimismus kann man erklären. Überoptimismus muss man verteidigen.

Praxisbeispiel: Umsatzplanung für einen Foodtruck

Ausgangslage

Geplant ist ein Foodtruck mit Fokus auf Streetfood zur Mittagszeit und bei ausgewählten Abend-Events. Einsatz an festen Standorten an Werktagen sowie an Wochenenden bei Veranstaltungen.

Typischer Fehler

Es wird pauschal mit hohen Umsätzen gerechnet, weil:

- „der Foodtruck flexibel ist"
- „wenig Fixkosten anfallen"
- „Streetfood gerade im Trend liegt"

Für den Businessplan ist das nicht ausreichend.

Schritt 1: Einsatztage realistisch festlegen

Ein Foodtruck ist nicht automatisch jeden Tag im Einsatz.

Geplant:

- 4 feste Standtage pro Woche (Mo–Do)
- 1 Event-Tag am Wochenende
- 1 Tag für Vorbereitung, Einkauf, Wartung

ca. 18–20 Verkaufstage pro Monat

Diese Zahl ist realistisch und erklärbar.

Schritt 2: Gäste pro Stunde einschätzen

Ein Foodtruck lebt von Durchsatz, nicht von Verweildauer.

Annahme für einen festen Mittagsstandort:

- Verkaufszeit: 11:30–14:00 Uhr (2,5 Stunden)
- durchschnittlich 20–25 Gäste pro Stunde

50–60 Gäste pro Einsatztag

Bei Events:

- längere Einsatzzeit
- höhere Frequenz
- aber auch mehr Personal- und Standkosten

100–120 Gäste pro Event-Tag

Schritt 3: Durchschnittsbon festlegen

Der Durchschnittsbon ergibt sich aus:

- Hauptprodukt (z. B. Burger, Bowl, Wrap)
- Getränk
- optionalem Zusatzprodukt

Realistische Annahme:

- Hauptprodukt: 9,50 €
- Getränk: 3,00 €
- Zusatzprodukte nicht bei jedem Gast

Durchschnittsbon: ca. 12,00 €

Schritt 4: Tages- und Monatsumsatz berechnen

Werktage (16 Tage):

- 55 Gäste × 12,00 € = 660 € Tagesumsatz
- 660 € × 16 Tage = 10.560 €

Eventtage (4 Tage):

- 110 Gäste × 12,00 € = 1.320 € Tagesumsatz
- 1.320 € × 4 Tage = 5.280 €

Monatsumsatz gesamt: ca. 15.840 €

Diese Zahl ist:

- nicht spektakulär
- aber realistisch
- und sauber hergeleitet

Genau das macht sie im Businessplan überzeugend.

Schritt 5: Plausibilitätscheck

- Passt der Umsatz zur Verkaufszeit? ✓
- Passt er zur Kapazität des Trucks? ✓
- Passt er zur Personalplanung (1–2 Personen)? ✓
- Passt er zum Preisniveau? ✓

Ein höherer Umsatz ist möglich – aber nicht planbar.

Fazit des Praxisbeispiels

Ein Foodtruck ist kein Selbstläufer. Er ist ein mobiles Gastronomieunternehmen mit klaren Grenzen:

- begrenzte Verkaufszeit
- begrenzter Durchsatz
- wetterabhängige Nachfrage

Ein Businessplan für einen Foodtruck überzeugt nicht durch hohe Umsätze, sondern durch:

- realistische Einsatztage
- nachvollziehbare Gästezahlen
- saubere Bon-Logik

Wenn diese Basis stimmt, lassen sich Wareneinsatz, Personalbedarf und Liquidität sauber weiterrechnen.

Die Brücke zu den nächsten Kapiteln

Aus der Umsatzplanung ergeben sich direkt:

- Wareneinsatz
- Personalbedarf
- Fixkostenbelastung
- Liquiditätsbedarf

Wenn deine Umsätze nicht sauber hergeleitet sind, brechen diese Berechnungen später zusammen.

Deshalb gilt: Eine gute Umsatzplanung ist kein Kapitel unter vielen. Sie ist das Fundament des gesamten Businessplans.

Kapitel 6

Umsatzannahmen erklären – so liest die Bank

Banken lesen Businesspläne nicht wie Unternehmer:innen. Sie lesen sie, um Risiken einzuschätzen.

Dabei geht es weniger um die Frage, wie hoch dein Umsatz ist, sondern darum, wie er zustande kommt. Eine Zahl ohne Herleitung ist für eine Bank wertlos – egal, wie gut sie klingt.

Was Banken bei Umsätzen wirklich interessiert

Banken stellen sich beim Lesen deiner Umsatzplanung immer dieselben Fragen:

- Woher kommt diese Zahl?
- Welche Annahmen stecken dahinter?
- Wie stabil sind diese Annahmen?
- Was passiert, wenn sie nicht eintreffen?

Je klarer du diese Fragen beantwortest, desto weniger Angriffsfläche bietest du im Gespräch.

Herleitung schlägt Höhe

Ein Businessplan mit 300.000 € Jahresumsatz kann überzeugen. Ein Businessplan mit 600.000 € ebenso.

Beide können aber auch scheitern – wenn die Zahlen nicht nachvollziehbar sind.

Banken bevorzugen:

- konservative Annahmen
- klare Rechenwege
- sichtbare Zusammenhänge

Optimistische Zahlen wirken nur dann überzeugend, wenn sie sauber begründet sind. In der Praxis ist das selten der Fall.

Typische Schwachstellen in Umsatzannahmen

Viele Businesspläne scheitern an immer wiederkehrenden Fehlern:

- Gästezahlen werden pauschal angesetzt
- Durchschnittsbons werden aus Wunschdenken abgeleitet
- Öffnungstage werden zu großzügig gerechnet
- Anlaufphasen werden ignoriert

Diese Schwächen fallen geübten Leser:innen sofort auf – oft schon beim ersten Überfliegen.

So erklärst du Umsätze nachvollziehbar

Eine gute Umsatzdarstellung folgt einer klaren Logik:

1. **Rahmen erklären** (Standort, Öffnungszeiten, Kapazität)
2. **Annahmen benennen** (Gäste, Bon, Tage)
3. **Rechenweg zeigen**
4. **Abweichungen einordnen**

Es geht nicht darum, jede Zahl zu verteidigen. Es geht darum, zu zeigen, dass du weißt, wo ihre Grenzen liegen.

Warum Anlaufphasen Vertrauen schaffen

Ein Businessplan ohne Anlaufphase wirkt unrealistisch.

Banken wissen:

- Neue Betriebe brauchen Zeit
- Bekanntheit entsteht nicht über Nacht
- Abläufe müssen sich einspielen

Wenn du trotzdem von Anfang an mit Vollauslastung rechnest, signalisierst du mangelnde Erfahrung – selbst dann, wenn du sie hast.

Eine realistisch geplante Anlaufphase zeigt:

- Risikobewusstsein
- Erfahrung
- unternehmerische Reife

Abweichungen offen ansprechen

Ein häufiger Irrtum: Man müsse im Businessplan Sicherheit suggerieren.

Das Gegenteil ist richtig.

Ein Businessplan wird glaubwürdiger, wenn er:

- Schwankungen benennt
- Unsicherheiten einordnet
- Alternativen aufzeigt

Banken finanzieren keine perfekten Pläne. Sie finanzieren Menschen, die mit Abweichungen umgehen können.

Wie viel Erklärung ist genug?

Zu wenig Erklärung wirkt naiv. Zu viel Erklärung wirkt defensiv.

Als Faustregel gilt:

- Jede zentrale Zahl braucht eine kurze Begründung
- Jeder Rechenschritt muss nachvollziehbar sein
- Details gehören in Tabellen, nicht in Fließtext

Ein guter Businessplan erklärt so viel wie nötig – und nicht mehr.

Was du im Gespräch parat haben solltest

Dein Businessplan endet nicht beim Papier.

Im Gespräch solltest du:

- deine Umsatzlogik erklären können
- auf kritische Nachfragen vorbereitet sein
- Abweichungen sachlich einordnen

Typische Fragen sind:

- Warum rechnen Sie mit dieser Gästezahl?
- Was passiert bei 10 % weniger Umsatz?
- Wie reagieren Sie auf schwächere Monate?

Wenn du darauf ruhig und strukturiert antworten kannst, wirkt dein Businessplan belastbar – selbst bei vorsichtigen Zahlen.

Die Rolle dieses Kapitels im Gesamtplan

Dieses Kapitel ist keine Wiederholung der Umsatzplanung. Es ist die Übersetzung deiner Zahlen in die Sprache der Bank.

Ab dem nächsten Kapitel geht es deshalb nicht mehr um Umsätze, sondern um deren Konsequenzen: **Kosten, Wareneinsatz und Wirtschaftlichkeit.**

Denn Umsatz allein macht noch kein tragfähiges Unternehmen.

TEIL IV

Kosten, die über alles entscheiden

Kapitel 7

Fixkosten – vollständig und ehrlich

Umsätze kann man planen. Fixkosten muss man tragen – jeden Monat.

Viele Gastronomiebetriebe scheitern nicht, weil sie zu wenig Umsatz machen, sondern weil ihre Fixkosten von Anfang an zu hoch oder unvollständig erfasst sind. Genau deshalb schauen Banken auf diesen Teil des Businessplans besonders genau.

Was Fixkosten wirklich sind

Fixkosten sind alle Kosten, die unabhängig vom Umsatz anfallen oder sich nur geringfügig verändern.

Typische Fixkosten in der Gastronomie sind:

- Miete und Nebenkosten
- Energie (Grundlast)
- Versicherungen
- Leasing- und Finanzierungsraten
- Gebühren und Lizenzen
- Wartung und Instandhaltung
- Buchhaltung und Beratung
- Telekommunikation und IT

Diese Kosten fallen auch dann an, wenn der Laden leer ist.

Warum Fixkosten kritischer sind als früher

Die letzten Jahre haben gezeigt: Kosten sind nicht mehr stabil kalkulierbar.

Energie, Dienstleistungen, Wartungsverträge und Versicherungen sind teurer geworden – und bleiben es in vielen Fällen. Gleichzeitig ist der Spielraum, diese Kosten kurzfristig weiterzugeben, begrenzt.

Ein Businessplan, der Fixkosten zu knapp ansetzt, ist deshalb nicht finanzierbar.

Der häufigste Fehler: unvollständige Fixkosten

Viele Businesspläne rechnen sauber – aber nicht vollständig.

Typische Lücken sind:

- Wartungsverträge für Geräte
- Gebühren für Kassensysteme
- Software-Abos
- Rücklagen für Reparaturen
- Kosten für Reinigung und Entsorgung
- Beiträge für Berufsgenossenschaft und Kammern

Diese Positionen wirken einzeln klein. In Summe entscheiden sie über Tragfähigkeit.

Fixkosten realistisch ansetzen

Für den Businessplan gilt:

- lieber zu hoch als zu niedrig
- Sicherheitszuschläge einplanen
- Preissteigerungen berücksichtigen

Banken akzeptieren höhere Fixkosten eher als geschönte Zahlen. Denn hohe Fixkosten lassen sich erklären – fehlende Kosten nicht.

Miete: der größte Hebel

Die Miete ist in vielen Konzepten der größte Fixkostenblock.

Wichtig ist nicht nur die absolute Höhe, sondern:

- Verhältnis von Miete zu geplantem Umsatz
- Nebenkosten realistisch kalkulieren
- Staffel- oder Indexmieten berücksichtigen

Eine zu hohe Miete lässt sich nicht „wegrechnen". Sie wirkt jeden Monat – unabhängig vom Erfolg.

Energie, Wartung, Technik

Moderne Gastronomie ist technikintensiv.

Berücksichtige:

- Grundlast Strom und Gas
- Wartung für Kühltechnik, Lüftung, Spültechnik
- Kassensysteme, Payment-Gebühren
- Internet, Telefonie, Software

Diese Kosten sind keine Extras.Sie sind Teil des Betriebs.

Fixkosten transparent darstellen

Fixkosten gehören in:

- eine übersichtliche Monatsdarstellung
- klare Kategorien
- nachvollziehbare Summen

Unübersichtliche Tabellen oder Sammelposten wirken unseriös.

Ein Businessplan überzeugt nicht durch Rechenkunst, sondern durch Transparenz.

Praxisbeispiel: Fixkosten eines kleinen Cafés

Monatliche Fixkosten:

- Miete inkl. NK: 2.400 €
- Energie Grundlast: 650 €
- Versicherungen: 120 €
- Leasing Geräte: 380 €
- Buchhaltung / Steuerberatung: 250 €
- Kassensystem & Software: 150 €
- Wartung & Reinigung: 220 €

Fixkosten gesamt: ca. 4.170 € pro Monat

Diese Zahl wirkt hoch. Sie ist aber vollständig – und damit belastbar.

Warum Ehrlichkeit hier Vertrauen schafft

Fixkosten sind der Bereich, in dem Schönrechnen am schnellsten auffällt.

Ein Businessplan wirkt dann glaubwürdig, wenn:

- Kosten klar benannt werden
- Reserven erkennbar sind
- Risiken nicht ausgeblendet werden

Genau das erwarten Finanzierungspartner.

Im nächsten Kapitel geht es um einen Kostenblock, der noch stärker schwankt – und deshalb oft falsch kalkuliert wird: den **Wareneinsatz**.

Kapitel 8

Wareneinsatz & Preislogik – rechnen statt hoffen

Der Wareneinsatz ist einer der variabelsten Kostenblöcke in der Gastronomie – und gleichzeitig einer der meist unterschätzten. Kleine Abweichungen haben große Wirkung. Genau deshalb ist dieser Teil des Businessplans so entscheidend.

Ein niedriger Wareneinsatz allein macht noch keinen Gewinn. Ein falsch kalkulierter Wareneinsatz macht ihn unmöglich.

Was Wareneinsatz wirklich bedeutet

Zum Wareneinsatz zählen alle Kosten für Produkte, die direkt verkauft oder verarbeitet werden:

- Lebensmittel
- Getränke
- Verpackungen für To-go und Delivery
- Beilagen, Zusätze, Garnituren

Nicht dazu zählen:

- Personal
- Energie
- Miete
- sonstige Betriebskosten

Diese klare Trennung ist wichtig, damit deine Kalkulation nachvollziehbar bleibt.

Warum Prozentdenken allein nicht reicht

Viele rechnen den Wareneinsatz ausschließlich in Prozenten vom Umsatz. Das ist bequem – aber gefährlich.

Prozentwerte sagen nichts darüber aus:

- ob Preise realistisch sind
- ob einzelne Produkte Geld verdienen
- ob der Mix funktioniert

Entscheidend ist nicht der Wareneinsatz in Prozent, sondern der Deckungsbeitrag, den ein Produkt erwirtschaftet.

Preislogik statt Wunschpreise

Preise entstehen nicht aus dem Bauchgefühl. Sie ergeben sich aus:

- Einkaufspreisen
- Portionierung
- Zubereitungsaufwand
- Zielmarge
- Zahlungsbereitschaft der Gäste

Ein zu niedriger Preis lässt sich später nur schwer korrigieren. Ein zu hoher Preis lässt sich testen – ein zu niedriger nicht.

Produktmix entscheidet über Wirtschaftlichkeit

Nicht jedes Produkt muss gleich viel verdienen. Aber der Mix muss stimmen.

Fragen, die du dir stellen solltest:

- Welche Produkte tragen den Hauptumsatz?
- Welche Produkte haben eine hohe Marge?
- Welche Produkte binden Personal oder Zeit?

Ein Businessplan sollte zeigen, dass du deinen Produktmix verstanden hast – nicht, dass du alles perfekt kalkuliert hast.

Schwankungen realistisch einplanen

Einkaufspreise sind nicht stabil. Saisonalität, Lieferketten, Energiepreise und Nachfrage wirken direkt auf den Wareneinsatz.

Für den Businessplan gilt:

- Sicherheitszuschläge einplanen
- keine Idealpreise ansetzen
- mit Schwankungen rechnen

Ein stabiler Businessplan hält auch steigende Einkaufspreise aus.

To-go, Delivery & Verpackungskosten

Außer-Haus-Geschäft ist kein Selbstläufer.

Zu berücksichtigen sind:

- Verpackungskosten
- Gebühren für Plattformen
- höherer Wareneinsatz durch Portionsgrößen
- geringere Zusatzverkäufe

Diese Faktoren verändern die Marge – oft stärker als erwartet.

Praxisbeispiel: Wareneinsatz im Café

Ein Frühstücksteller kostet im Einkauf:

- Lebensmittel: 3,10 €
- Verpackung & Beilagen: 0,40 €

Wareneinsatz gesamt: 3,50 €

Verkaufspreis: 9,50 €

Wareneinsatzquote: ca. 37 %

Diese Quote ist akzeptabel – wenn:

- Personalaufwand passt

- Fixkosten tragbar sind
- Produktmix stimmt

Der Wareneinsatz ist nie isoliert zu betrachten.

Preislogik im Businessplan darstellen

Im Businessplan reicht es nicht, Prozentwerte zu nennen. Du solltest zeigen:

- wie Preise entstehen
- welche Marge angestrebt wird
- wie empfindlich sie auf Preisänderungen reagiert

Das schafft Verständnis – und Vertrauen.

Warum Ehrlichkeit hier entscheidend ist

Geschönte Wareneinsätze fallen spätestens im laufenden Betrieb auf. Banken wissen das. Deshalb prüfen sie diesen Teil besonders kritisch.

Ein Businessplan überzeugt nicht durch niedrige Prozentwerte. Er überzeugt durch realistische Annahmen und nachvollziehbare Kalkulationen.

Im nächsten Kapitel geht es um den Kostenblock, der für viele Betriebe zum größten Risiko geworden ist: **Personal.**

Kapitel 9

Personalplanung – realistisch

Personal ist der kritischste Kostenfaktor in der Gastronomie. Nicht, weil Menschen teuer wären – sondern weil falsche Personalplanung ein funktionierendes Konzept wirtschaftlich kippen kann.

Viele Businesspläne scheitern an dieser Stelle. Nicht aus böser Absicht, sondern aus Wunschdenken.

Warum Personalplanung heute anders gedacht werden muss

Fachkräftemangel, gestiegene Löhne, höhere Anforderungen und geringere Flexibilität machen Personal zu einem Engpassfaktor. Ein Businessplan, der das ignoriert, ist nicht finanzierbar.

Personal folgt dem Umsatz – nicht umgekehrt

Der größte Fehler in der Personalplanung ist, Personal vom Idealbetrieb her zu denken.

Richtig ist:

- Welche Umsätze sind realistisch?
- Welche Öffnungszeiten lassen sich zuverlässig abdecken?
- Welche Abläufe sind notwendig?

Erst daraus ergibt sich der Personalbedarf.

Nicht jede Stunde, die geöffnet ist, muss maximal besetzt sein. Aber jede geöffnete Stunde muss verlässlich besetzt sein.

Öffnungszeiten als Ausgangspunkt

Personalplanung beginnt nicht beim Stellenplan, sondern bei den Öffnungszeiten.

Fragen, die du beantworten musst:

- Wann ist der Betrieb geöffnet?
- Welche Zeiten sind wirtschaftlich sinnvoll?
- Welche Zeiten kosten mehr, als sie bringen?

Ein reduzierter Öffnungstag kann wirtschaftlich sinnvoller sein als lange Öffnungszeiten mit zu geringer Auslastung.

Produktivität statt Personenzahl

Ein häufiger Denkfehler:

Mehr Personal = besserer Service = mehr Umsatz.

In der Realität gilt:

- klare Abläufe
- übersichtliche Speisekarte
- gute Vorbereitung

Diese Faktoren erhöhen die Produktivität – und senken den Personalbedarf.

Ein Businessplan sollte zeigen, dass dein Konzept mit weniger, aber gut eingesetztem Personal funktioniert.

Lohnkosten realistisch kalkulieren

Lohnkosten bestehen nicht nur aus dem Stundenlohn.

Zu berücksichtigen sind:

- Arbeitgeberanteile
- Zuschläge
- Urlaub und Krankheit
- Einarbeitung
- Fluktuation

Ein zu niedriger Ansatz wirkt unerfahren. Ein realistischer Ansatz wirkt finanzierbar.

Vollzeit, Teilzeit, Aushilfe – sinnvoll kombinieren

Nicht jede Aufgabe braucht eine Vollzeitkraft.

Ein sinnvoller Mix aus:

- festen Kräften
- Teilzeit
- Minijob
- ggf. eigener Mitarbeit

kann Kosten senken und Flexibilität erhöhen.

Wichtig ist, dass die Planung nicht auf Glück basiert.

Eigene Mitarbeit realistisch bewerten

Viele rechnen sich selbst zu günstig – oder gar nicht.

Im Businessplan solltest du:

- deine eigene Arbeitszeit benennen
- einen kalkulatorischen Unternehmerlohn ansetzen
- ehrlich prüfen, ob das dauerhaft tragbar ist

Ein Betrieb, der nur funktioniert, wenn du dauerhaft über deine Grenzen gehst, ist kein tragfähiges Modell.

Praxisbeispiel: Personalplanung für ein kleines Über-Mittag-Bistro

Öffnungszeiten:

- Montag bis Freitag: 11–15 Uhr
- Samstag: geschlossen

Personalbedarf:

- Küche: 1 Person
- Service: 1 Person

Arbeitszeit pro Tag:

- 2 Personen × 4 Stunden = 8 Stunden

Monat:

- ca. 22 Öffnungstage
- 176 Arbeitsstunden

Kosten:

- Durchschnittlicher Stundenlohn inkl. Lohnnebenkosten: 17 €

Personalkosten pro Monat: ca. 2.990 €

Diese Zahl ist realistisch – und erklärbar.

Warum Banken hier besonders genau hinschauen

Personalplanung zeigt:

- Realitätsnähe
- Erfahrung
- unternehmerische Verantwortung

Ein Businessplan mit zu niedrigen Personalkosten wirkt unseriös. Einer mit realistischen Ansätzen wirkt finanzierbar – selbst wenn er knapper kalkuliert ist.

Personalplanung als Steuerungsinstrument

Personalplanung endet nicht mit dem Businessplan.

Sie hilft dir später:

- Öffnungszeiten anzupassen
- Abläufe zu optimieren
- Kosten zu kontrollieren

Im nächsten Kapitel geht es um das Bindeglied zwischen Umsatz, Kosten und Personal: **Deckungsbeitrag und Break-even.**

TEIL V

Tragfähigkeit, Deckungsbeitrag & Break-even

Kapitel 10

Deckungsbeitrag verstehen und nutzen

Viele Gastronom:innen kennen ihren Umsatz. Manche kennen ihre Kosten. Nur wenige kennen ihren Deckungsbeitrag.

Dabei ist genau dieser Wert entscheidend, um zu verstehen, ob ein Betrieb wirtschaftlich funktioniert – oder nur beschäftigt ist.

Was der Deckungsbeitrag wirklich aussagt

Der Deckungsbeitrag zeigt, wie viel Geld nach Abzug der variablen Kosten übrig bleibt, um Fixkosten zu decken und Gewinn zu erwirtschaften.

Vereinfacht:

Deckungsbeitrag = Umsatz – variable Kosten

Zu den variablen Kosten zählen:

- Wareneinsatz
- Verpackungen
- umsatzabhängige Gebühren

Nicht dazu zählen:

- Miete
- Personal
- Energie-Grundlast
- Versicherungen

Diese Trennung ist entscheidend, um Klarheit zu schaffen.

Warum Umsatz allein nichts sagt

Ein hoher Umsatz klingt gut. Er kann aber trügerisch sein.

Zwei Betriebe mit gleichem Umsatz können wirtschaftlich völlig unterschiedlich dastehen – abhängig davon, wie hoch ihr Deckungsbeitrag ist.

Ein Produkt, das viel Umsatz macht, aber kaum Deckungsbeitrag liefert, bindet Zeit, Personal und Ressourcen – ohne wirklich zu tragen.

Deckungsbeitrag pro Produkt denken

Für den Businessplan musst du nicht jedes einzelne Produkt durchkalkulieren. Aber du solltest verstehen, welche Produktgruppen tragen.

Fragen, die du beantworten solltest:

- Welche Produkte haben eine hohe Marge?
- Welche Produkte sind Umsatztreiber?
- Welche Produkte binden Personal oder Zeit?

Der Produktmix entscheidet – nicht das Einzelprodukt.

Deckungsbeitrag pro Stunde

Eine besonders hilfreiche Perspektive ist der Deckungsbeitrag pro Stunde.

Denn:

- Öffnungszeiten kosten Geld
- Personal kostet Geld
- Energie kostet Geld

Wenn ein Zeitfenster keinen ausreichenden Deckungsbeitrag erwirtschaftet, ist es wirtschaftlich nicht sinnvoll – auch wenn Umsatz gemacht wird.

Diese Betrachtung hilft dir:

- Öffnungszeiten zu optimieren
- schwache Zeiten zu erkennen

- Entscheidungen faktenbasiert zu treffen

Praxisbeispiel: Deckungsbeitrag im Café

Annahme:

- Tagesumsatz: 760 €
- Wareneinsatz (35 %): 266 €

Deckungsbeitrag: 494 € pro Tag

Fixkosten pro Tag:

- ca. 140 €

verbleibender Betrag für Personal und Gewinn: 354 €

Erst jetzt lässt sich bewerten, ob:

- Personal finanzierbar ist
- ein Gewinn möglich ist

Ohne diese Betrachtung bleibt alles Spekulation.

Warum der Deckungsbeitrag dein Frühwarnsystem ist

Sinkt der Deckungsbeitrag, gibt es nur wenige Stellschrauben:

- Preise
- Wareneinsatz
- Produktmix
- Öffnungszeiten

Der Deckungsbeitrag zeigt früh, wo nachjustiert werden muss – lange bevor Liquiditätsprobleme entstehen.

Deckungsbeitrag im Businessplan darstellen

Im Businessplan sollte klar erkennbar sein:

- welcher Deckungsbeitrag insgesamt erzielt wird
- wie er zustande kommt
- wofür er verwendet wird

Du musst keine komplizierten Modelle zeigen. Aber die Logik muss stimmen.

Warum Banken auf den Deckungsbeitrag achten

Banken finanzieren keine Umsätze. Sie finanzieren Deckungsbeiträge, aus denen:

- Fixkosten gedeckt
- Kredite bedient
- Rücklagen gebildet

werden.

Ein Businessplan, der diesen Zusammenhang sauber darstellt, wirkt professionell und finanzierungsfähig.

Deckungsbeitrag ist Führungswissen

Der Deckungsbeitrag ist kein theoretischer Wert. Er ist ein Werkzeug für den Alltag.

Wer ihn versteht, kann:

- schneller reagieren
- bessere Entscheidungen treffen
- wirtschaftlich führen

Im nächsten Kapitel geht es darum, diesen Zusammenhang auf den Punkt zu bringen: den **Break-even** – also den Moment, ab dem dein Betrieb tatsächlich Geld verdient.

Kapitel 11

Break – even – der wichtigste Punkt im Plan

Der Break-even ist der Punkt, an dem dein Betrieb beginnt, Geld zu verdienen.

- Nicht theoretisch
- Nicht irgendwann
- Sondern konkret

Viele Businesspläne erwähnen den Break-even. Nur wenige machen ihn wirklich verständlich.

Dabei ist er einer der wichtigsten Werte deines gesamten Businessplans.

Was Break-even wirklich bedeutet

Der Break-even ist erreicht, wenn dein Deckungsbeitrag ausreicht, um alle Fixkosten zu decken.

Ab diesem Punkt:

- arbeitet dein Betrieb kostendeckend
- finanzierst du dich selbst
- beginnt unternehmerischer Spielraum

Vor dem Break-even zahlst du drauf. Danach baust du Stabilität auf.

Warum der Break-even wichtiger ist als der Gewinn

Gewinn entsteht erst **nach** dem Break-even. Aber ohne Break-even gibt es keinen Gewinn.

Für Banken ist deshalb entscheidend:

- wann der Break-even erreicht wird
- wie stabil er ist
- wie empfindlich er auf Abweichungen reagiert

Ein früher Break-even ist gut. Ein realistischer Break-even ist besser.

Break-even berechnen – logisch statt kompliziert

Die Grundlogik ist einfach:

Fixkosten ÷ Deckungsbeitrag pro Einheit = notwendiger Umsatz

Dabei kann die „Einheit" sein:

- ein Monat
- ein Tag
- ein Gast
- ein Produkt

Wichtig ist nicht die Recheneinheit, sondern die Verständlichkeit.

Praxisbeispiel: Break-even im Café

Monatliche Fixkosten:

- 4.170 €

Durchschnittlicher Deckungsbeitrag pro Gast:

- 6,20 €

Rechnung:

- 4.170 € ÷ 6,20 € ≈ 673 Gäste pro Monat

Das entspricht:

- ca. 26 Gäste pro Öffnungstag
- bei 26 Öffnungstagen im Monat

Diese Zahl ist greifbar – und überprüfbar.

Break-even und Öffnungszeiten

Der Break-even hilft dir, Öffnungszeiten zu bewerten.

Wenn du weißt:

- wie viele Gäste pro Stunde nötig sind

- wie viel Deckungsbeitrag diese bringen

kannst du beurteilen:

- welche Zeiten wirtschaftlich sinnvoll sind
- welche Zeiten Geld kosten

Nicht jede geöffnete Stunde ist sinnvoll. Nicht jede geschlossene Stunde ist ein Verlust.

Warum viele Break-even-Rechnungen scheitern

Typische Fehler:

- zu niedrige Fixkosten
- zu optimistische Umsätze
- keine Berücksichtigung von Schwankungen
- keine Anlaufphase

Ein Break-even auf dem Papier, der im Alltag nicht erreichbar ist, hilft niemandem.

Break-even und Sicherheit

Ein stabiler Businessplan zeigt:

- wie weit der geplante Umsatz über dem Break-even liegt
- wie viel Puffer vorhanden ist
- ab welchem Punkt gegengesteuert werden muss

Je größer der Abstand zwischen geplantem Umsatz und Break-even, desto robuster ist dein Modell.

Was Banken beim Break-even sehen wollen

Banken prüfen:

- ob der Break-even realistisch erreichbar ist
- wie schnell er erreicht wird
- wie sensibel er auf Abweichungen reagiert

Ein Businessplan überzeugt nicht durch frühe Gewinne, sondern durch nachvollziehbare Stabilität.

Der Break-even als Führungsinstrument

Der Break-even ist kein Wert für den Businessplan allein.

Er hilft dir im Alltag:

- Preise zu bewerten
- Aktionen einzuschätzen
- Öffnungszeiten anzupassen
- Investitionen zu prüfen

Wer seinen Break-even kennt, führt seinen Betrieb bewusst – nicht reaktiv.

Im nächsten Kapitel geht es um die Frage, was passiert, wenn es anders läuft als geplant. Denn kein Businessplan bleibt unverändert.

.

TEIL VI

Szenarien & Liquidität

Kapitel 12

Szenarienrechnung – Plan A, B und C

Kein Businessplan trifft die Zukunft exakt. Und das muss er auch nicht.

Entscheidend ist nicht, ob dein Plan aufgeht, sondern wie gut du vorbereitet bist, wenn er es nicht tut. Genau hier setzt die Szenarienrechnung an.

Warum Szenarien unverzichtbar sind

Die Gastronomie ist heute stärker von äußeren Faktoren abhängig als früher:

- schwankende Nachfrage
- steigende Kosten
- Personalengpässe
- Wetter, Events, Wirtschaftslage

Ein Businessplan, der nur einen einzigen Verlauf kennt, wirkt naiv. Banken wissen das. Und du solltest es auch wissen.

Szenarien zeigen nicht Unsicherheit. Sie zeigen unternehmerische Reife.

Was eine Szenarienrechnung leistet

Eine Szenarienrechnung beantwortet eine einfache, aber entscheidende Frage:

Was passiert, wenn es anders kommt als geplant?

Sie hilft dir:

- Risiken einzuordnen
- Reaktionsmöglichkeiten zu erkennen
- Handlungsspielräume zu definieren

Ein Businessplan ohne Szenarien ist statisch. Ein Businessplan mit Szenarien ist ein Werkzeug.

Die drei Grundszenarien

Für den Businessplan reichen drei Szenarien völlig aus:

Plan A – der realistische Verlauf

- konservative Umsatzannahmen
- realistische Kosten
- geplante Öffnungszeiten
- normale Auslastung

Plan A ist dein Arbeitsplan. Nicht dein Wunschplan.

Plan B – der bessere Verlauf

- höhere Auslastung
- stabilere Nachfrage
- bessere Marge

Wichtig: Plan B ist kein Selbstläufer. Er zeigt, was möglich ist – nicht, was garantiert passiert.

Plan C – der schwierigere Verlauf

- geringere Umsätze
- höhere Kosten
- Personalengpässe
- schwächere Monate

Plan C ist kein Pessimismus. Er ist Vorsorge.

Was Banken bei Szenarien sehen wollen

Banken erwarten nicht, dass du alle Eventualitäten vorhersiehst. Sie wollen sehen, dass du:

- Abweichungen erkennst
- ihre Auswirkungen verstehst
- realistische Reaktionen geplant hast

Ein Plan C zeigt nicht Schwäche. Er zeigt Verantwortung.

Typische Stellschrauben in Szenarien

In der Gastronomie lassen sich nur wenige Faktoren kurzfristig beeinflussen. Genau diese gehören in die Szenarienrechnung:

- Öffnungszeiten anpassen
- Personalstunden reduzieren oder verschieben
- Angebot straffen
- Preise überprüfen
- Investitionen verschieben

Ein guter Businessplan zeigt, welche Stellschrauben realistisch sind – und welche nicht.

Praxisbeispiel: Szenarien im Café

Plan A (realistisch):

- Monatsumsatz: 19.760 €
- Fixkosten: 4.170 €
- Personalkosten: 3.000 €
- positiver Deckungsbeitrag

Plan C (−15 % Umsatz):

- Monatsumsatz: ca. 16.800 €
- gleiche Fixkosten
- gleiche Personalkosten

Ergebnis:

- geringerer Überschuss
- enger Liquiditätsspielraum

Reaktion:

- Öffnungszeiten an schwachen Tagen kürzen
- Personaleinsatz anpassen

- Angebot reduzieren

Diese Reaktionen müssen nicht perfekt sein. Sie müssen denkbar und umsetzbar sein.

Szenarien sichtbar machen

Im Businessplan sollten Szenarien:

- klar benannt
- tabellarisch dargestellt
- kurz kommentiert werden

Lange Texte sind nicht nötig. Klarheit ist wichtiger als Detailtiefe.

Warum Szenarien dir selbst helfen

Szenarien sind nicht nur für Banken da.

Sie helfen dir:

- ruhiger zu entscheiden
- schneller zu reagieren
- nicht in Panik zu verfallen

Wer Szenarien durchdacht hat, reagiert nicht überrascht – sondern vorbereitet.

Im nächsten Kapitel geht es um das Thema, das über alles entscheidet, wenn es eng wird: **Liquidität**. Denn ein Betrieb scheitert selten an mangelndem Gewinn – sondern an fehlendem Geld.

Kapitel 13

Liquiditätsplanung – wichtiger als Gewinn

Gewinn ist ein Ergebnis. Liquidität ist eine Voraussetzung.

Viele Gastronomiebetriebe scheitern nicht, weil sie unprofitabel sind, sondern weil ihnen zwischendurch das Geld ausgeht. Genau deshalb ist die Liquiditätsplanung im Businessplan so entscheidend.

Warum Liquidität wichtiger ist als Gewinn

Ein Betrieb kann Gewinn machen – und trotzdem zahlungsunfähig werden. Das klingt widersprüchlich, ist aber Alltag.

Gründe dafür sind unter anderem:

- zeitversetzte Zahlungseingänge
- hohe Anfangsinvestitionen
- steigende Kosten
- fehlende Rücklagen

Liquidität entscheidet darüber, ob du Rechnungen bezahlen kannst. Gewinn entscheidet darüber, ob sich das langfristig lohnt.

Was Liquiditätsplanung wirklich bedeutet

Liquiditätsplanung zeigt:

- wann Geld **hereinkommt**
- wann Geld **herausgeht**
- ob und wann Engpässe entstehen

Sie beantwortet nicht die Frage, ob dein Betrieb theoretisch funktioniert, sondern ob er praktisch überlebt.

Warum die Anlaufphase kritisch ist

Die ersten Monate sind fast immer die liquiditätskritischsten.

Typische Gründe:

- Investitionen fallen sofort an
- Umsätze steigen langsam
- Kosten laufen von Beginn an

Ein Businessplan ohne realistische Anlaufphase wirkt unerfahren – und ist nicht finanzierbar.

Monatliche Liquiditätsplanung statt Jahreszahlen

Liquidität lässt sich nicht sinnvoll auf Jahresbasis planen.

Für den Businessplan gilt:

- monatliche Betrachtung
- besonders in den ersten 12 Monaten
- mit realistischen Zahlungszeitpunkten

Ein positiver Jahreswert hilft nicht, wenn zwischendurch das Geld fehlt.

Was in die Liquiditätsplanung gehört

Zu berücksichtigen sind:

- Umsatzeingänge (bar, EC, Kreditkarte, verzögert)
- Wareneinkäufe
- Miete und Nebenkosten
- Personalkosten
- Leasing- und Kreditraten
- Steuern und Abgaben
- Versicherungen
- Rücklagen

Wichtig: Nicht jeder Aufwand ist sofort zahlungswirksam – und nicht jeder Zahlungsvorgang ist Aufwand.

Typische Liquiditätsfallen in der Gastronomie

Häufige Fehler:

- zu knapp kalkulierte Anfangsliquidität
- keine Reserve für schwache Monate
- Ignorieren von Steuerzahlungen
- zu optimistische Umsatzsteigerungen

Diese Fehler wirken nicht spektakulär. Sie wirken still – bis es zu spät ist.

Praxisbeispiel: Liquiditätsverlauf im ersten Halbjahr

Monat 1:

- hohe Investitionen
- geringe Umsätze
- negativer Cashflow

Monat 3:

- steigende Umsätze
- weiterhin hohe Fixkosten
- knapper Spielraum

Monat 6:

- stabilerer Umsatz
- erste Rücklagen möglich

Ein realistischer Businessplan zeigt diese Entwicklung offen – ohne sie zu beschönigen.

Liquidität und Finanzierung

Banken prüfen:

- wie viel Startliquidität vorhanden ist
- wie lange sie reicht

- ab wann sich der Betrieb selbst trägt

Ein Businessplan überzeugt, wenn er zeigt, dass Engpässe erkannt und eingeplant sind.

Liquidität als Führungsinstrument

Liquiditätsplanung endet nicht mit der Finanzierung.

Sie hilft dir im Alltag:

- Ausgaben zu priorisieren
- Investitionen zu verschieben
- früh gegenzusteuern

Wer seine Liquidität kennt, handelt ruhiger – und sicherer.

Im nächsten Kapitel geht es darum, wie diese Planung in eine **Finanzierungsstrategie** übersetzt wird. Denn ein guter Businessplan endet nicht bei Zahlen, sondern bei der Frage, wer sie möglich macht.

TEIL VII

Finanzierung & Bankgespräch

Kapitel 14

Finanzierung realistisch vorbereiten

Eine gute Idee bekommt keine Finanzierung. Ein überzeugender Businessplan schon.

Viele Gespräche mit Banken scheitern nicht am Konzept, sondern an falschen Erwartungen. Dieses Kapitel hilft dir, Finanzierung realistisch, vorbereitet und auf Augenhöhe anzugehen.

Was Finanzierung wirklich bedeutet

Finanzierung heißt nicht:

- jemand glaubt an deine Idee
- jemand teilt dein Risiko

Finanzierung heißt:

- jemand prüft, ob dein Vorhaben tragfähig ist
- jemand erwartet Rückzahlung
- jemand minimiert sein Risiko

Diese Perspektive ist nicht unfreundlich. Sie ist professionell.

Eigenkapital – die Grundlage jeder Finanzierung

Eigenkapital ist mehr als ein formaler Anteil.

Es zeigt:

- dein persönliches Risiko
- deine Verbindlichkeit
- deine Belastbarkeit

Banken erwarten:

- einen realistischen Eigenkapitalanteil
- nicht zwingend hohe Beträge

- aber nachvollziehbare Herkunft

Eigenkapital kann sein:

- Bargeld
- Rücklagen
- Sachwerte
- Eigenleistungen (begrenzt)

Ohne Eigenkapital wird Finanzierung schwierig – nicht unmöglich, aber anspruchsvoll.

Was Banken wirklich finanzieren

Banken finanzieren:

- Investitionen mit nachvollziehbarem Nutzen
- tragfähige Kostenstrukturen
- realistische Anlaufphasen

Banken finanzieren nicht:

- Schönrechnerei
- Wunschumsätze
- fehlende Liquiditätspuffer

Ein Businessplan überzeugt, wenn klar wird, wofür Geld gebraucht wird – und wofür nicht.

Sicherheiten realistisch einordnen

Sicherheiten sind kein Misstrauensbeweis. Sie sind Standard.

Typische Sicherheiten:

- Bürgschaften
- private Sicherheiten
- Förderprogramme mit Haftungsfreistellung

Wichtig ist:

- Sicherheiten realistisch zu benennen

- nichts zu versprechen, was nicht vorhanden ist
- Alternativen zu kennen

Unklarheit bei Sicherheiten führt fast immer zu Verzögerungen.

Fördermittel: sinnvoll, aber kein Selbstläufer

Fördermittel können Finanzierung erleichtern – sie ersetzen sie nicht.

Für den Businessplan gilt:

- Fördermittel realistisch einplanen
- Bearbeitungszeiten berücksichtigen
- keine Abhängigkeit davon erzeugen

Banken sehen Fördermittel als Ergänzung, nicht als Rettung.

Finanzierungsstruktur transparent darstellen

Ein guter Businessplan zeigt:

- Gesamtinvestitionsbedarf
- Eigenkapital
- Fremdkapital
- Liquiditätsreserve

Diese Struktur sollte:

- übersichtlich
- nachvollziehbar
- konsistent mit der Liquiditätsplanung sein

Widersprüche zwischen Finanzierung und Liquidität sind ein häufiger Ablehnungsgrund.

Praxisbeispiel: Finanzierungsstruktur eines Cafés

Gesamtinvestition:

- Ausstattung & Technik: 45.000 €
- Umbau & Einrichtung: 25.000 €
- Startliquidität: 20.000 €

Gesamtbedarf: 90.000 €

Finanzierung:

- Eigenkapital: 30.000 €
- Bankdarlehen: 50.000 €
- Förderdarlehen: 10.000 €

Diese Struktur ist:

- klar
- ausgewogen
- finanzierbar

Nicht, weil sie perfekt ist – sondern weil sie logisch ist.

Warum Ehrlichkeit hier entscheidend ist

Finanzierungsgespräche scheitern selten an Zahlen. Sie scheitern an Widersprüchen.

Ein Businessplan überzeugt, wenn:

- Annahmen zusammenpassen
- Risiken benannt werden
- Puffer vorhanden sind

Ehrlichkeit ist kein Risiko. Sie ist Voraussetzung für Vertrauen.

Finanzierung als Startpunkt, nicht als Ziel

Die Finanzierung ist nicht der Abschluss deines Projekts. Sie ist der Anfang.

Ein Businessplan sollte deshalb zeigen:

- dass du Verantwortung für das Geld übernimmst
- dass du Rückzahlung mitdenkst
- dass du langfristig führst, nicht kurzfristig planst

Im nächsten Kapitel geht es um **typische Denkfehler** im Businessplan und darum, wie du diese rechtzeitig erkennst und korrigierst.

Kapitel 15

Typische Denkfehler im Businessplan

und warum sie dich Geld kosten

Die meisten Businesspläne scheitern nicht an fehlendem Wissen. Sie scheitern an Denkfehlern.

Diese Denkfehler sind selten bewusst. Sie entstehen aus Hoffnung, Unsicherheit, fehlender Erfahrung oder dem Wunsch, es „richtig" zu machen. Genau deshalb sind sie so gefährlich: Sie wirken logisch – sind es aber nicht.

Dieses Kapitel hilft dir, die häufigsten Denkfehler früh zu erkennen. Nicht, um dich zu verunsichern, sondern um deinen Businessplan stabiler, ehrlicher und finanzierbarer zu machen.

Denkfehler 1:

„Der Umsatz wird sich schon entwickeln"

Einer der häufigsten und teuersten Denkfehler. Umsatz entwickelt sich nicht von selbst. Er ist das Ergebnis aus:

- Standort
- Angebot
- Preisniveau
- Öffnungszeiten
- Sichtbarkeit

Wer im Businessplan keine saubere Umsatzlogik herleitet, ersetzt Denken durch Hoffnung.

Typisches Anzeichen im Businessplan:

Umsätze steigen monatlich, ohne Begründung.

Warum das problematisch ist:

Banken erkennen diesen Fehler sofort. Und im Betrieb fehlt dir später jeder Referenzpunkt, um Abweichungen einzuordnen.

Besser:

Lieber niedriger planen, sauber herleiten und Spielraum lassen.

Denkfehler 2:

Optimismus statt Anlaufphase

Viele Businesspläne rechnen vom ersten Monat an mit stabilen Umsätzen. Das ist unrealistisch.

Neue Betriebe brauchen Zeit:

- um bekannt zu werden
- um Abläufe zu stabilisieren
- um Stammgäste aufzubauen

Typisches Anzeichen:

Monat 1 = Monat 6.

Warum das problematisch ist:

Fehlende Anlaufphasen führen zu Liquiditätsengpässen – nicht zu fehlendem Gewinn.

Besser:

Eine ehrliche, langsame Hochlaufkurve. Banken erwarten das. Dein Konto auch.

Denkfehler 3:

Zu niedrige Personalkosten

Personal wird im Businessplan oft schöngerechnet.

Gründe:

- Hoffnung auf Flexibilität

- eigene Mehrarbeit
- „Das machen wir erst mal selbst"

Typisches Anzeichen:

Personalkosten unter Branchenniveau – ohne Erklärung.

Warum das problematisch ist:

Ein Betrieb, der nur funktioniert, wenn du dauerhaft über deine Grenzen gehst, ist kein tragfähiges Modell.

Besser:

Realistische Löhne, inklusive Nebenkosten, Krankheit, Urlaub – und ein kalkulatorischer Unternehmer:innenlohn.

Denkfehler 4:

Wareneinsatz wird unterschätzt

Ein paar Prozent mehr oder weniger wirken harmlos. Sind sie nicht.

Wareneinsatzpreise sind:

- volatil
- abhängig von Lieferketten
- saisonal schwankend

Typisches Anzeichen:

Ideale Einkaufspreise ohne Sicherheitszuschläge.

Warum das problematisch ist:

Schon kleine Abweichungen zerstören den Deckungsbeitrag.

Besser:

Konservativ rechnen, Preisschwankungen einkalkulieren, Produktmix bewusst steuern.

Denkfehler 5:

Fixkosten werden vergessen oder verharmlost

Viele Businesspläne sind rechnerisch korrekt – aber unvollständig.

Häufig fehlen:

- Wartung
- Software-Abos
- Versicherungen
- Rücklagen
- Gebühren

Typisches Anzeichen:

„Sonstige Kosten" als Sammelposten.

Warum das problematisch ist:

Unvollständige Fixkosten verschieben den Break-even künstlich nach unten.

Besser:

Lieber zu viel als zu wenig aufführen. Ehrlichkeit wirkt professionell.

Denkfehler 6:

Break-even als Ziel, nicht als Mindestanforderung

Der Break-even wird oft als Erfolg interpretiert.

Dabei bedeutet er nur:

- Du zahlst deine Rechnungen.

Typisches Anzeichen:

Der geplante Umsatz liegt nur knapp über dem Break-even.

Warum das problematisch ist:

Schon kleine Abweichungen führen zu Verlusten.

Besser:
Ein klarer Sicherheitsabstand zwischen Break-even und geplantem Umsatz.

Denkfehler 7:

Liquidität wird mit Gewinn verwechselt

Einer der gefährlichsten Denkfehler überhaupt.

Gewinn ist eine Rechengröße. Liquidität ist Realität.

Typisches Anzeichen:
Positive Rentabilität, aber keine Monatsliquiditätsplanung.

Warum das problematisch ist:
Du kannst profitabel sein – und trotzdem zahlungsunfähig werden.

Besser:
Monatliche Liquiditätsplanung mit Reserven für schwache Phasen.

Denkfehler 8:

Der Businessplan ist „für die Bank"

Viele schreiben ihren Businessplan gegen sich selbst:

- zu optimistisch
- zu defensiv
- zu erklärend

Typisches Anzeichen:
Der Plan klingt überzeugend, aber hilft im Alltag nicht.

Warum das problematisch ist:
Ein Businessplan, der dir selbst nichts nützt, nützt niemandem.

Besser:
Zuerst für dich rechnen. Dann für andere erklären.

Denkfehler 9:

Zahlen werden verteidigt statt erklärt

Wenn du jede Zahl rechtfertigen musst, stimmt meist die Logik nicht.

Typisches Anzeichen:

Lange Erklärungen für einfache Annahmen.

Warum das problematisch ist:

Banken suchen keine Verteidigung, sondern Nachvollziehbarkeit.

Besser:

Klare Herleitung. Kurze Erklärung. Ruhe im Gespräch.

Denkfehler 10:

„Wenn ich erst offen habe, wird es leichter"

Der Betrieb wird nicht automatisch einfacher.

Er wird:

- transparenter
- messbarer
- ehrlicher

Typisches Anzeichen:

Probleme werden in die Zukunft verschoben.

Warum das problematisch ist:

Was du nicht planst, triffst du ungeplant.

Besser:

Schwierige Fragen im Businessplan klären – nicht im laufenden Betrieb.

Fazit dieses Kapitels

Ein guter Businessplan entsteht nicht durch Optimismus, sondern durch Klarheit. Nicht durch Hoffnung, sondern durch Struktur.

Denkfehler sind normal. Sie werden erst gefährlich, wenn sie unbemerkt bleiben.

Wenn du sie erkennst und korrigierst, wird dein Businessplan:

- stabiler
- glaubwürdiger
- steuerbarer

Und genau das ist sein Zweck.

Kapitel 16

Praxisbeispiele

Die folgenden fünf Mini-Businesspläne zeigen, wie sich unterschiedliche gastronomische Konzepte wirtschaftlich sauber denken lassen. Sie sind bewusst reduziert, realistisch und nicht optimiert. Ziel ist nicht, das Maximum zu zeigen – sondern das Machbare.

Alle drei Beispiele folgen derselben Logik:

- klares Konzept
- nachvollziehbare Umsatzannahmen
- vollständige Kostenstruktur
- realistischer Break-even
- typische Risiken

Mini-Businessplan 1: Café mit 25–30 Sitzplätzen

Kurzkonzept

Geplant ist ein kleines Nachbarschaftscafé mit Frühstück, Kaffeespezialitäten und einem überschaubaren Tagesangebot zur Mittagszeit. Fokus liegt auf Stammkundschaft, klaren Öffnungszeiten und hoher Wiederkehrrate. Keine Abendöffnung.

- Sitzplätze: 28
- Öffnungszeiten: Mo–Sa, 8–17 Uhr
- Betriebsfläche: ca. 45–55 m²
- Positionierung: ruhig, hochwertig, alltagstauglich

Umsatzlogik

Ein Café lebt nicht von Eventumsätzen, sondern von Planbarkeit.

- Ø 85 Gäste pro Tag

- Durchschnittsbon: 9,20 €
- Öffnungstage: 26 pro Monat
- Tagesumsatz: ca. 780 €
- Monatsumsatz: ca. 20.300 €

Die Annahme berücksichtigt:

- Morgen- und Mittagspeak
- ruhige Nachmittage
- Anlaufphase in den ersten Monaten

Kostenstruktur

- Fixkosten (Miete, Energie, Versicherungen, Software): ca. 4.300 €
- Wareneinsatz: ca. 35 % vom Umsatz
- Personal: schlank, 1–2 Personen pro Schicht

Die eigene Mitarbeit ist eingeplant, aber nicht schöngerechnet.

Break-even

Der Break-even liegt bei:

- ca. 26–28 Gästen pro Öffnungstag

Das bedeutet:

- wirtschaftlich erreichbar

aber nicht komfortabel ohne Disziplin

Typische Risiken

- zu lange Öffnungszeiten ohne Auslastung
- unterschätzter Personalbedarf bei Krankheit
- steigende Energie- und Einkaufspreise

Stellschrauben:

Öffnungszeiten, Angebotsreduktion, Preisanpassung.

Mini-Businessplan 2: Foodtruck (Mittag & Events)

Kurzkonzept

Mobiler Foodtruck mit Streetfood-Fokus. Einsatz an festen Mittagsstandorten unter der Woche sowie an ausgewählten Events am Wochenende. Kein täglicher Dauerbetrieb.

- Betriebsform: mobil
- Personal: 1–2 Personen
- Verkaufszeit: begrenzt, aber intensiv

Umsatzlogik

Der Foodtruck lebt vom Durchsatz, nicht von Verweildauer.

Werktage:

- 4 Einsatztage pro Woche
- Ø 55 Gäste
- Bon: 12,00 €

Events:

- 4 Tage pro Monat
- Ø 110 Gäste
- Monatsumsatz gesamt: ca. 15.500–16.000 €

Diese Annahmen sind realistisch, weil:

- Einsatzzeiten begrenzt sind
- Wetter & Standort berücksichtigt werden
- kein Vollbetrieb simuliert wird

Kostenstruktur

- Wareneinsatz: ca. 40 %
- Fixkosten (Fahrzeug, Versicherung, Lager): moderat
- variable Stand- und Eventgebühren

Break-even

Der Break-even wird erreicht bei:

- ca. 45–50 verkauften Einheiten pro Einsatztag

Das ist erreichbar – aber wetterabhängig.

Typische Risiken

- Ausfall von Standplätzen
- wetterbedingte Umsatzeinbrüche
- körperliche Belastung

Stellschrauben:

Produktmix, Einsatzplanung, Eventauswahl.

Mini-Businessplan 3: Kleine Bar / Bistro

Kurzkonzept

Kleine Bar mit reduziertem Speisenangebot (Snacks, Tapas), Fokus auf Getränkeumsatz am Abend. Keine Küche im klassischen Sinn, geringe Komplexität.

- Sitzplätze: ca. 30
- Öffnungszeiten: Do–Sa, 18–24 Uhr
- Zielgruppe: After-Work & Wochenende

Umsatzlogik

Weniger Tage – dafür höhere Bons.

- Ø 70 Gäste pro Abend
- Durchschnittsbon: 18,00 €
- Öffnungstage: ca. 14 pro Monat
- Monatsumsatz: ca. 17.600 €

Die Planung berücksichtigt:

- schwächere Donnerstage

- starke Freitage/Samstage
- keine Vollauslastung

Kostenstruktur

- Wareneinsatz: ca. 28–30 %
- Fixkosten: höherer Mietanteil
- Personal: abendlastig, klar strukturiert

Break-even

Der Break-even liegt bei:

- ca. 40 Gästen pro Abend

Darunter wird es schnell eng – darüber entsteht Spielraum.

Typische Risiken

- Umsatzkonzentration auf wenige Tage
- Personalausfall am Abend
- Lärmschutz & Auflagen

Stellschrauben:

Öffnungstage, Getränkekalkulation, Events mit Deckungsbeitrag.

Mini-Businessplan 4: Deli / Feinkostladen mit Tagesangebot

Kurzkonzept

Geplant ist ein kleines Deli mit Fokus auf Feinkost, frische Bowls, Sandwiches und ausgewählte Convenience-Produkte. Der Betrieb kombiniert To-go-Geschäft mit wenigen Sitzplätzen und richtet sich an Berufstätige, Anwohner:innen und Laufkundschaft.

- Verkaufsfläche: ca. 40–50 m^2
- Sitzplätze: 10–12

- Öffnungszeiten: Mo–Fr, 10–18 Uhr
- Positionierung: hochwertig, schnell, alltagstauglich

Der Schwerpunkt liegt auf Mittagsgeschäft und Take-away, nicht auf Verweildauer.

Umsatzlogik

Ein Deli lebt von Frequenz, Wiederholung und klar kalkulierten Produkten.

- Ø 95 Gäste pro Tag
- Durchschnittsbon: 11,50 €
- Öffnungstage: ca. 22 pro Monat
- Tagesumsatz: ca. 1.090 €
- Monatsumsatz: ca. 24.000 €

Die Annahmen berücksichtigen:

- starkes Mittagsfenster
- kurze Aufenthaltsdauer
- wenig Umsatz am Nachmittag

Kostenstruktur

- Wareneinsatz: ca. 40–42 %
- Fixkosten (Miete, Energie, Kühlung, Kassensysteme): moderat
- Personal: 1–2 Personen je Schicht

Der höhere Wareneinsatz wird durch:

- schnelle Abwicklung
- standardisierte Produkte
- hohe Wiederkaufrateabgefedert.

Break-even

Der Break-even liegt bei:

- ca. 48–50 Gästen pro Öffnungstag

Das ist realistisch erreichbar, wenn:

- das Mittagsfenster zuverlässig genutzt wird
- Abläufe effizient organisiert sind

Typische Risiken

- zu breites Sortiment mit hohem Verderb
- unklare Positionierung zwischen Café und Imbiss
- unterschätzter Kühl- und Energiebedarf

Stellschrauben:

Sortimentsfokussierung, Portionskontrolle, Preisanpassung, Angebotsrotation.

Einordnung des Deli-Konzepts

Das Deli ist wirtschaftlich attraktiv, wenn Geschwindigkeit und Kalkulation stimmen. Es verzeiht weniger Fehler als ein klassisches Café, bietet aber:

- hohe Frequenz
- planbare Tagesumsätze
- gute Skalierbarkeit

Der Businessplan muss hier besonders sauber sein – vor allem bei Wareneinsatz, Abschriften und Personalzeiten.

Mini-Businessplan 5: Kleines Restaurant (30–40 Sitzplätze)

Kurzkonzept

Geplant ist ein kleines, inhabergeführtes Restaurant mit klarer Küche, reduzierter Speisekarte und Fokus auf Abendgeschäft. Keine Eventgastronomie, keine Hochfrequenz – sondern Qualität, Wiederkehr und Planbarkeit.

- Sitzplätze: 34–38

- Öffnungszeiten: Di–Sa, 18–22 Uhr
- Küche: frisch, überschaubar, wenige Hauptgerichte
- Positionierung: bodenständig, hochwertig, lokal verankert

Das Konzept setzt bewusst auf Begrenzung statt Vielfalt, um Abläufe, Personal und Wareneinsatz kontrollierbar zu halten.

Umsatzlogik

Ein Restaurant lebt nicht von Masse, sondern von Auslastung und Bonhöhe.

- Ø 55 Gäste pro Abend
- Durchschnittsbon: 28,00 €
- Öffnungstage: ca. 22 pro Monat
- Tagesumsatz: ca. 1.540 €
- Monatsumsatz: ca. 33.800 €

Die Planung berücksichtigt:

- keine Vollauslastung an jedem Abend
- schwächere Dienstage
- stärkere Wochenenden

Kostenstruktur

- Wareneinsatz: ca. 30–32 %
- Fixkosten: höher als bei Café oder Deli (Küche, Abluft, Energie)
- Personal: Küche + Service, klar getaktete Schichten

Die eigene Mitarbeit ist realistisch eingeplant, ersetzt aber kein dauerhaft unterfinanziertes Personalmodell.

Break-even

Der Break-even liegt bei:

- ca. 32–35 Gästen pro Abend

Das bedeutet:

- wirtschaftlich erreichbar
- aber nur mit sauberer Organisation und Kostenkontrolle

Ein paar schwache Abende lassen sich abfedern – mehrere hintereinander nicht.

Typische Risiken

- zu große Speisekarte mit hohem Verderb
- unterschätzter Personalbedarf in Küche und Service
- Energie- und Nebenkosten
- emotionale Bindung an nicht rentable Gerichte

Stellschrauben:

Speisekartenreduktion, Portionskontrolle, Öffnungstage, Preisanpassung.

Einordnung des Restaurant-Konzepts

Ein kleines Restaurant kann wirtschaftlich stabil sein – wenn es bewusst klein bleibt. Die größte Gefahr liegt nicht im Markt, sondern in der eigenen Überforderung.

Der Businessplan muss hier besonders ehrlich sein:

- bei Personalkosten
- bei Auslastungsannahmen
- bei der eigenen Belastbarkeit

Wer diese Punkte sauber plant, schafft ein Restaurant, das nicht nur läuft – sondern tragfähig ist.

Was diese Beispiele zeigen

Alle fünf Konzepte sind unterschiedlich. Aber die Denklogik ist identisch.

Ein tragfähiger Businessplan:

- plant nicht maximal, sondern erreichbar
- rechnet nicht schön, sondern ehrlich
- kennt seine Risiken
- hat Stellschrauben

Nicht das Konzept entscheidet über Erfolg oder Misserfolg. Sondern, wie realistisch es wirtschaftlich gedacht ist.

Einordnung für deinen eigenen Businessplan

Nutze diese Mini-Businesspläne nicht als Vorlage zum Kopieren. Nutze sie als **Denkrahmen**.

Wenn du dein eigenes Konzept ähnlich klar erklären kannst –ohne Tabellen zu verteidigen – ist dein Businessplan bereit für den nächsten Schritt.

Im nächsten Kapitel geht es darum, wie du diese Vorbereitung in ein **souveränes Bankgespräch** übersetzt. Denn Zahlen allein überzeugen nicht – wie du sie erklärst, entscheidet mit.

Kapitel 17

Der Businessplan im Bankgespräch

Ein Businessplan entscheidet selten allein am Schreibtisch. Er entscheidet im Gespräch.

Bankgespräche scheitern nicht an Zahlen, sondern daran, wie Zahlen erklärt werden. Dieses Kapitel hilft dir, dein Gespräch souverän, vorbereitet und auf Augenhöhe zu führen.

Was Banken im Gespräch wirklich prüfen

Im Bankgespräch geht es nicht darum, ob jede Zahl perfekt ist. Es geht darum, ob du:

- dein Geschäftsmodell verstanden hast
- Zusammenhänge erklären kannst
- mit Unsicherheit umgehen kannst

Banken prüfen nicht nur den Plan. Sie prüfen dich.

Haltung schlägt Präsentation

Du brauchst keine Verkaufsshow. Du brauchst Klarheit.

Eine ruhige, sachliche Haltung wirkt überzeugender als übertriebene Begeisterung. Wer zu viel rechtfertigt, wirkt unsicher. Wer klar argumentiert, wirkt vorbereitet.

Der Businessplan ist dabei dein Fundament – nicht dein Schutzschild.

Typische Fragen im Bankgespräch

Viele Fragen wiederholen sich. Dazu gehören:

- Wie kommen Sie auf diese Umsätze?
- Was passiert bei Umsatzrückgang?
- Wie flexibel sind Ihre Kosten?
- Wie sichern Sie die Liquidität?

Diese Fragen sind kein Angriff. Sie sind Teil der Prüfung.

Wie du Zahlen erklärst

Gute Antworten sind:

- kurz
- logisch
- nachvollziehbar

Beispiel:

„Die Umsätze ergeben sich aus Gästezahlen, Bon und Öffnungstagen. Ich habe bewusst konservativ geplant und eine Anlaufphase berücksichtigt."

Das wirkt stärker als jede Detaildiskussion.

Mit Unsicherheiten souverän umgehen

Niemand erwartet, dass du alles weißt.

Souverän ist, wer:

- Unsicherheiten benennt
- Annahmen erklärt
- Reaktionsmöglichkeiten kennt

Ein Satz wie:

„Darauf habe ich keinen festen Wert, aber folgende Reaktionsmöglichkeiten eingeplant"

wirkt professioneller als jede Ausrede.

Businessplan vs. Pitch-Deck

Der Businessplan ist detailliert. Das Gespräch braucht Struktur.

Hilfreich ist:

- eine kurze Zusammenfassung
- klare Kernaussagen
- keine Tabellenflut

Der Businessplan liefert die Tiefe. Das Gespräch die Entscheidung.

Fehler, die Vertrauen kosten

Zu vermeiden sind:

- Schönreden von Risiken
- Ausweichen bei kritischen Fragen
- widersprüchliche Aussagen
- fehlende Kenntnis der eigenen Zahlen

Ein Businessplan verzeiht Rechenfehler eher als Ausflüchte.

Warum Ehrlichkeit überzeugt

Banken wissen, dass Pläne angepasst werden müssen. Was sie nicht akzeptieren, ist Intransparenz.

Ein offener Umgang mit Risiken zeigt:

- Verantwortungsbewusstsein
- Erfahrung
- Belastbarkeit

Genau das wird finanziert.

Das Gespräch als Beginn einer Zusammenarbeit

Ein Bankgespräch ist kein einmaliger Test. Es ist der Start einer Beziehung.

Wer vorbereitet, ehrlich und klar auftritt, schafft Vertrauen – auch dann, wenn nicht alles sofort genehmigt wird.

TEIL VIII

Businessplan Form & Aufbau

Kapitel 18

Form, Aufbau & Präsentation des Businessplans

Unübersichtliche Dokumente, veraltete Formate oder schlecht strukturierte Präsentationen lassen selbst solide Zahlen schwach wirken. Dabei gilt: Ein Businessplan muss nicht beeindrucken – er muss verständlich, klar und professionell sein.

Eine zentrale Erkenntnis vorab

Es gibt nicht den einen richtigen Businessplan. Aber es gibt ungeeignete Formen.

Ein moderner Businessplan erfüllt drei Anforderungen:

- Er ist **lesbar**
- Er ist **erklärbar**
- Er ist **flexibel nutzbar**

Der Businessplan als Dokument – nicht als Kunstwerk

Ein Businessplan ist kein Marketing-Prospekt. Er lebt von Struktur, nicht von Design.

Unabhängig vom Format gilt:

- klare Gliederung
- logische Kapitelabfolge
- saubere Tabellen
- nachvollziehbare Zahlen

Je ruhiger die Gestaltung, desto ernster wird der Inhalt genommen.

Word, PDF oder PowerPoint – was ist sinnvoll?

1. Das Arbeitsdokument:

Word oder vergleichbares Textformat

Für die inhaltliche Arbeit ist ein klassisches Textdokument weiterhin die beste Lösung.

Warum:

- flexibel anpassbar
- leicht korrigierbar
- ideal für Tabellen, Texte und Erläuterungen

Empfehlung:

- Businessplan zuerst als strukturiertes Textdokument erstellen
- mit klaren Überschriften
- konsistenter Nummerierung

Dieses Dokument ist deine Arbeitsversion.

2. Die Abgabeversion:

PDF

Für Banken, Förderstellen und externe Partner ist PDF weiterhin Standard.

Warum:

- unveränderbar
- professionell
- überall lesbar

Ein Businessplan sollte:

- als ein einziges PDF vorliegen
- sauber formatiert sein
- ein klares Inhaltsverzeichnis enthalten

PDF ist nicht altmodisch. Es ist verlässlich.

3. Die Gesprächsversion:

Präsentation (PowerPoint oder ähnlich)

Für Bankgespräche, Investor:innen oder Partner ist eine Präsentation sinnvoll – aber nur ergänzend.

Wichtig:

- keine Überladung
- keine Tabellenkopien
- Fokus auf Kernaussagen

Eine gute Präsentation zeigt:

- Geschäftslogik
- Zahlenstruktur
- Risiken & Reaktionen

Sie ersetzt den Businessplan nicht. Sie übersetzt ihn.

Digital oder analog?

2026 gilt:

- Einreichung fast immer digital
- Gespräche oft hybrid
- Ausdrucke nur noch punktuell notwendig

Empfehlung:

- Businessplan digital vorbereitet
- einzelne Seiten (Übersichten, Zahlen) bei Bedarf ausdruckbar
- keine dicken Ordner mehr

Wie umfangreich sollte ein Businessplan sein?

Mehr ist nicht besser.

Richtwert:

- **ca. 20 Seiten** Text und Tabellen

- plus Anhang bei Bedarf

Entscheidend ist:

- Übersichtlichkeit
- klare Trennung von Text und Zahlen
- kein Redundanzen

Ein Businessplan sollte sich lesen lassen, nicht durchgearbeitet werden müssen.

Was moderne Businesspläne auszeichnet

Ein zeitgemäßer Businessplan:

- arbeitet mit klaren Überschriften
- trennt Erklärung und Zahlen
- vermeidet lange Fließtexte
- nutzt Tabellen und Grafiken gezielt

Er wirkt:

- ruhig
- strukturiert
- professionell

Typische Fehler in der Darstellung

Zu vermeiden sind:

- unterschiedliche Zahlen an verschiedenen Stellen
- überladene Grafiken
- zu viele Farben oder Schriftarten
- Marketing-Sprache im Zahlenteil

Ein Businessplan – mehrere Versionen

Ein professioneller Umgang ist:

- **eine Arbeitsversion** (für dich)
- **eine Abgabeversion** (PDF)

- **eine Präsentationsversion** (Gespräch)

Alle drei basieren auf denselben Zahlen – aber mit unterschiedlicher Gewichtung.

Was Banken heute erwarten

Banken erwarten:

- klare Struktur
- nachvollziehbare Zahlen
- saubere Darstellung
- keine technischen Spielereien

Sie wollen erkennen:

- dass du deine Zahlen beherrschst
- dass du sie erklären kannst
- dass du professionell arbeitest

Die Form unterstützt diese Wahrnehmung – sie ersetzt sie nicht.

Fazit

Der beste Businessplan nützt nichts, wenn er nicht verstanden wird. Und ein durchschnittlicher Plan kann überzeugen, wenn er klar, ruhig und strukturiert präsentiert wird.

Das heißt:

- **Inhalt zuerst**
- **Form als Unterstützung**
- **Präsentation als Übersetzung**

Dein Businessplan soll nicht beeindrucken. Er soll Vertrauen schaffen.

Der Aufbau deines Businessplans

Ein Businessplan ist heute weit mehr als ein Pflichtdokument für Banken. Auch wenn du kein Fremdkapital aufnimmst, ist er dein wichtigstes strategisches Arbeitswerkzeug. Er zwingt dich dazu, deine Idee nicht nur emotional, sondern vor allem wirtschaftlich zu denken. Genau darin liegt sein größter Wert.

Ein gut aufgebauter Businessplan hilft dir, Entscheidungen fundiert zu treffen, Kostenfallen frühzeitig zu erkennen und dein Vorhaben realistisch zu dimensionieren. Er strukturiert dein Denken, schafft Klarheit und gibt dir Sicherheit – nicht, weil alles perfekt geplant ist, sondern weil du weißt, warum du etwas tust. Damit dein Businessplan diese Wirkung entfalten kann, kommt es nicht nur auf die Inhalte an, sondern auch auf Aufbau, Reihenfolge und Darstellung.

Im Folgenden zeige ich dir Schritt für Schritt, wie ein moderner Gastronomie-Businessplan aufgebaut ist – inklusive konkreter Praxisbeispiele.

1. Titelblatt – der erste Eindruck

Das Titelblatt ist keine Zierde, sondern Orientierung.

Es sollte enthalten:

- Name des Betriebs / Projekts
- Standort
- Name der verantwortlichen Person
- Datum und Versionsstand
- Mehr braucht es nicht.

Praxisbeispiel – Titelblatt

Café Morgenrot
Nachbarschaftscafé mit Frühstück & Tagesangebot
Standort: Leipzig-Plagwitz Businessplan
Version 01 / Januar 2026
Verantwortlich: Max Beispiel

2. Inhaltsverzeichnis – Struktur statt Überraschung

Ein Businessplan wird nicht linear gelesen. Entscheider:innen springen.

Ein sauberes Inhaltsverzeichnis zeigt:

- klare Gliederung
- logischen Aufbau
- Professionalität

<u>Praxisbeispiel – Inhaltsverzeichnis (Auszug)</u>

1. Executive Summary
2. Ziel & Ausgangslage
3. Geschäftskonzept
4. Markt & Standort
5. Umsatzplanung
6. Kostenstruktur
7. Finanzplanung
8. Szenarien & Risiken

3. Executive Summary – die wichtigste Seite

Die Zusammenfassung ist das meistgelesene Element des gesamten Businessplans. Sie entscheidet, ob weitergelesen wird. Sie gehört an den Anfang – wird aber zum Schluss geschrieben.

Inhalt:

- Geschäftsidee
- Zielgruppe
- Standort
- wichtigste Zahlen
- Kapitalbedarf
- Break-even-Ausblick

Praxisbeispiel – Executive Summary (Kurzfassung)

Das Café Morgenrot ist ein kleines Nachbarschaftscafé mit Fokus auf Frühstück, Kaffee und Tagesangebot. Der Betrieb richtet sich an Anwohner:innen und Berufstätige im Umkreis von fünf Gehminuten.

Geplant sind 26 Öffnungstage pro Monat mit einem durchschnittlichen Tagesumsatz von ca. 750 €. Der Break-even wird nach rund sechs Monaten erreicht. Der Kapitalbedarf beträgt 85.000 €, davon 30.000 € Eigenkapital.

4. Ziel & persönliche Ausgangslage

Ein Businessplan beginnt nicht mit Zahlen, sondern mit dir.

Hier geht es um:

- Motivation
- persönliche Ziele
- Rolle im Betrieb
- Arbeitszeit und Verantwortung

Nicht Selbstdarstellung, sondern Einordnung.

Praxisbeispiel

Ziel ist ein wirtschaftlich stabiler Betrieb mit persönlicher Präsenz im Tagesgeschäft. Eine Vollzeit-Selbstständigkeit mit klar geregelten Öffnungszeiten und langfristiger Perspektive.

5. Geschäftskonzept – kurz und wirtschaftlich

Hier beschreibst du nicht alles, sondern das Wesentliche:

- Angebot
- Zielgruppe
- Preisniveau
- Öffnungszeiten
- Betriebsgröße

Praxisbeispiel

Angeboten werden Frühstücksgerichte, Kaffeespezialitäten und ein täglich wechselndes Mittagsgericht. Das Preisniveau liegt im mittleren Segment. Die Betriebsfläche beträgt 45 m² mit 22 Sitzplätzen.

6. Markt & Standort – relevant, nicht romantisch

Es geht nicht um Stadtmarketing, sondern um:

- Einzugsgebiet
- Wettbewerb
- Ableitung der Nachfrage

Praxisbeispiel

Das Café befindet sich in einer belebten Wohnstraße mit hoher Fußgängerfrequenz am Morgen und zur Mittagszeit. Im direkten Umfeld existieren zwei Bäckereien, jedoch kein vergleichbares Café mit Sitzplätzen und Tagesangebot.

7. Umsatzplanung – logisch hergeleitet

Umsatz entsteht aus:

- Gästezahl
- Durchschnittsbon
- Öffnungstagen

Praxisbeispiel

Geplant sind durchschnittlich 85 Gäste pro Tag bei einem Bon von 8,80 €. Daraus ergibt sich ein Tagesumsatz von rund 750 €.

8. Kostenstruktur – vollständig und ehrlich

Hier gehören hinein:

- Fixkosten
- Wareneinsatz
- Personal

Praxisbeispiel

Die monatlichen Fixkosten betragen ca. 4.200 €. Der Wareneinsatz liegt bei rund 35 % vom Umsatz. Die Personalplanung ist auf eine schlanke Tagesbesetzung ausgelegt.

9. Finanzplanung – das Herzstück

In diesem Teil laufen alle Zahlen zusammen:

- Investitionen
- Liquidität
- Break-even
- Szenarien

Praxisbeispiel

Der Break-even wird bei ca. 26 Gästen pro Öffnungstag erreicht. Eine Liquiditätsreserve für sechs Monate ist eingeplant.

Präsentation – modern & professionell

Ein moderner Businessplan wird:

- PDF eingereicht
- als digital geteilt
- im Gespräch durch ein Pitch-Deck ergänzt

Keine Ordner. Keine Effekte. Nur Klarheit.

Fazit

Ein guter Businessplan überzeugt nicht durch Umfang, sondern durch Struktur. Nicht durch Optimismus, sondern durch Nachvollziehbarkeit.

Wenn dein Businessplan:

- klar aufgebaut ist
- logisch gedacht ist
- verständlich formuliert ist

dann wird er gelesen, verstanden – und ernst genommen.

Power-Point Pitch (10-12 Folien)

Folie 1 – Titel & Einstieg
- Projektname
- Standort
- Name
- Kurzclaim (1 Satz)

Folie 2 – Geschäftsidee
- Was wird angeboten?
- Für wen?
- In welchem Rahmen?

Folie 3 – Markt & Standort
- Warum dieser Standort?
- Warum Nachfrage?
- Kurze Einordnung Wettbewerb

Folie 4 – Umsatzlogik
- Gäste × Bon × Tage
- Anlaufphase berücksichtigt
- konservativer Ansatz

Folie 5 – Kostenstruktur
- Fixkosten (Hauptblöcke)
- Wareneinsatz
- Personal

Folie 6 – Deckungsbeitrag

- Was bleibt vom Umsatz?
- Wofür reicht es?

Folie 7 – Break-even

- Wann wird kostendeckend gearbeitet?
- Sicherheitspuffer

Folie 8 – Szenarien

- Plan A / C
- Reaktionsmöglichkeiten

Folie 9 – Liquidität

- Startliquidität
- kritische Monate
- Puffer

Folie 10 – Investition & Finanzierung

- Gesamtbedarf
- Eigenkapital
- Fremdkapital

Folie 11 – Rolle der Gründerperson

- Erfahrung
- Einsatz
- Verantwortung

Folie 12 – Zusammenfassung & Gesprächsöffnung

- Warum finanzierbar?
- Warum vorbereitet?
- Einladung zur Diskussion

Wichtige Gestaltungsregeln für den Pitch

- max. 1 Kernaussage pro Folie
- wenig Text
- ruhiges Design
- Zahlen sprechen lassen

Businessplan immer dabei, aber nicht zeigen

Im nächsten Kapitel geht es darum, was viele nach der Finanzierung vergessen: den Businessplan im Alltag zu nutzen. Denn ein guter Plan endet nicht mit der Unterschrift.

Kapitel 19

Arbeiten mit dem Businessplan im Alltag

Ein Businessplan ist kein Dokument nur für die Gründung. Er ist ein Werkzeug für den Betrieb.

Viele Businesspläne verschwinden nach der Finanzierung in der Schublade. Genau dort verlieren sie ihren größten Wert. Denn ein guter Businessplan hilft dir nicht nur beim Start, sondern bei den vielen Entscheidungen, die danach folgen.

Der Businessplan als Referenzpunkt

Dein Businessplan beschreibt nicht die Wahrheit. Er beschreibt eine Annahme.

Genau deshalb ist er so wertvoll:

Er gibt dir einen Referenzpunkt, an dem du deine Realität messen kannst.

Fragen, die du dir regelmäßig stellen solltest:

- Liegen meine Umsätze im geplanten Rahmen?
- Entwickeln sich Kosten wie erwartet?
- Passt der Personalbedarf zur Auslastung?
- Wie entwickelt sich die Liquidität?

Ohne Referenz gibt es keine Abweichung. Ohne Abweichung keine Steuerung.

Soll-Ist-Vergleiche regelmäßig durchführen

Du musst keine Controlling-Abteilung aufbauen. Aber du solltest regelmäßig vergleichen:

- geplant vs. tatsächlich
- monatlich, nicht jährlich

Schon einfache Übersichten reichen aus, um zu erkennen:

- wo es besser läuft als gedacht
- wo gegengesteuert werden muss

Ein Businessplan ist dann hilfreich, wenn er benutzt wird.

Abweichungen richtig einordnen

Abweichungen sind normal. Problematisch wird es erst, wenn sie ignoriert werden.

Wichtig ist:

- Abweichungen früh erkennen
- Ursachen verstehen
- Maßnahmen ableiten

Ein schlechter Monat ist kein Problem. Mehrere schlechte Monate ohne Reaktion sind eines.

Businessplan anpassen – ohne Panik

Ein Businessplan ist kein starres Regelwerk.

Er darf angepasst werden:

- bei veränderten Kosten
- bei neuen Erkenntnissen
- bei geänderten Rahmenbedingungen

Anpassung ist kein Scheitern. Sie ist Teil unternehmerischer Führung.

Frühwarnsignale ernst nehmen

Typische Warnsignale sind:

- sinkender Deckungsbeitrag
- steigender Wareneinsatz
- zunehmende Liquiditätsengpässe
- wachsender Personalstress

Der Businessplan hilft dir, diese Signale einzuordnen – bevor sie kritisch werden.

Der Businessplan als Entscheidungsfilter

Nicht jede Idee ist eine gute Idee.

Der Businessplan hilft dir, Entscheidungen zu prüfen:

- zusätzliche Öffnungstage
- neue Produkte
- Investitionen
- Personalaufbau

Die zentrale Frage lautet immer:

Passt diese Entscheidung zu meiner wirtschaftlichen Logik?

Vom Plan zur Routine

Je selbstverständlicher der Umgang mit deinem Businessplan wird, desto ruhiger triffst du Entscheidungen.

- Du reagierst weniger impulsiv
- Du argumentierst klarer
- Du führst bewusster.

Der Businessplan wird damit vom Startdokument zum Führungsinstrument.

Was dieses Buch dir mitgeben will

Dieses Buch hat dir kein Erfolgsversprechen gegeben. Es hat dir Werkzeuge an die Hand gegeben.

Wenn du:

- ehrlich rechnest
- klar denkst
- bereit bist

Annahmen zu hinterfragen dann gibt dir dein Businessplan Orientierung – auch in schwierigen Phasen.

Abschließender Gedanke

Gastronomie ist anspruchsvoll. Aber sie ist planbar – zumindest so weit, dass du Entscheidungen bewusst triffst.

Ein guter Businessplan nimmt dir Risiken nicht ab. Er hilft dir, verantwortungsvoll mit ihnen umzugehen.

Checklisten

Businessplan-Checkliste

Diese Checkliste hilft dir, deinen Businessplan systematisch zu prüfen – nicht aus Sicht eines Formulars, sondern aus Sicht von Wirtschaftlichkeit, Finanzierbarkeit und Alltagstauglichkeit.

Nutze sie:

- vor dem Bankgespräch
- vor einer Investitionsentscheidung
- regelmäßig im laufenden Betrieb

Je mehr Punkte du ehrlich abhaken kannst, desto stabiler ist dein Businessplan.

1. Grundverständnis & Zielklarheit

☐ Ich weiß, warum ich diesen Businessplan schreibe (Steuerung, Finanzierung, Entscheidung).

☐ Der Businessplan ist für mich verständlich, nicht nur für Dritte.

☐ Ich kann mein Konzept in 2–3 Sätzen erklären, ohne Zahlen zu beschönigen.

☐ Ich kenne meine persönlichen Ziele (Arbeitszeit, Einkommen, Rolle im Betrieb).

2. Konzept & Positionierung

☐ Mein Angebot ist klar fokussiert und nicht überladen.

☐ Ich weiß, für wen ich arbeite – und für wen bewusst nicht.

☐ Mein Konzept erklärt, warum Gäste kommen sollen (nicht nur was ich anbiete).

☐ Betriebsgröße, Sitzplätze und Öffnungszeiten passen zur wirtschaftlichen Logik.

☐ Ich habe bewusst auf unnötige Komplexität verzichtet.

3. Markt & Standort

☐ Das Einzugsgebiet ist realistisch definiert.

☐ Ich kenne vergleichbare Betriebe im Umfeld.

☐ Wettbewerb wird eingeordnet, nicht schlechtgeredet.

☐ Meine Umsatzannahmen lassen sich aus Standort & Zielgruppe ableiten.

4. Umsatzplanung

☐ Umsätze sind logisch hergeleitet (Gäste × Bon × Tage).

☐ Ich habe eine realistische Anlaufphase eingeplant.

☐ Tageszeiten sind berücksichtigt.

☐ Umsätze sind konservativ geplant – nicht maximal.

☐ Ich kann erklären, warum diese Umsätze erreichbar sind.

5. Wareneinsatz & Preislogik

☐ Wareneinsatz ist realistisch kalkuliert (inkl. Schwankungen).

☐ Preise sind nicht aus dem Bauch heraus entstanden.

☐ Produktmix ist wirtschaftlich durchdacht.

☐ Abschriften, Verderb und Verpackung sind berücksichtigt.

6. Personalplanung

☐ Personal folgt den Öffnungszeiten – nicht umgekehrt.

☐ Lohnkosten inkl. Nebenkosten sind vollständig kalkuliert.

☐ Krankheit, Urlaub und Einarbeitung sind berücksichtigt.

☐ Eigene Mitarbeit ist realistisch eingeplant – nicht schöngerechnet.

☐ Das Modell funktioniert auch, wenn ich nicht alles selbst auffange.

7. Fixkosten

☐ Alle Fixkosten sind vollständig erfasst.

☐ Es gibt keine großen „Sonstiges"-Sammelposten.

☐ Miete, Energie und Wartung sind realistisch angesetzt.

☐ Software, Versicherungen und Gebühren sind berücksichtigt.

8. Deckungsbeitrag & Break-even

☐ Ich kenne meinen Deckungsbeitrag.

☐ Der Break-even ist realistisch erreichbar.

☐ Der geplante Umsatz liegt spürbar über dem Break-even.

☐ Ich weiß, wie empfindlich mein Modell auf Umsatzschwankungen reagiert.

9. Szenarien & Risiken

☐ Es gibt mindestens einen Plan B und Plan C.

☐ Risiken sind benannt – nicht verdrängt.

☐ Reaktionsmöglichkeiten sind realistisch und umsetzbar.

☐ Mein Modell ist nicht vom Idealfall abhängig.

10. Liquiditätsplanung

☐ Liquidität ist monatlich geplant (mind. Jahr 1).

☐ Anlaufphase ist finanziell abgesichert.

☐ Es gibt eine Liquiditätsreserve.

☐ Ich weiß, wann es eng werden könnte – und warum.

11. Finanzierung

☐ Gesamtinvestitionsbedarf ist vollständig erfasst.

☐ Eigenkapital ist realistisch dargestellt.

☐ Fremdkapital ist tragbar rückzahlbar.

☐ Finanzierung und Liquiditätsplanung passen zusammen.

12. Darstellung & Präsentation

☐ Businessplan ist klar strukturiert.

☐ Zahlen sind konsistent.

☐ Es gibt eine saubere PDF-Version.

☐ Eine kurze Pitch-Version ist vorbereitet.

☐ Ich kann meine Zahlen erklären – ruhig und sachlich.

13. Persönlicher Realitätscheck

☐ Ich habe mir kritische Fragen ehrlich beantwortet.

☐ Mein Businessplan macht mir Sicherheit, nicht nur Hoffnung.

☐ Ich weiß, wo meine Grenzen liegen.

☐ Ich bin bereit, Annahmen anzupassen, wenn die Realität es verlangt.

Abschließende Einschätzung

☐ Dieser Businessplan hilft mir, bessere Entscheidungen zu treffen.

☐ Ich würde mit diesen Zahlen auch mein eigenes Geld investieren.

☐ Ich verstecke nichts Wesentliches.

Wenn du diese Punkte abhaken kannst, ist dein Businessplan kein Papierprodukt, sondern ein unternehmerisches Werkzeug.

Checkliste Bankgespräch & Finanzierung

Diese Checkliste hilft dir, dein Finanzierungsgespräch strukturiert vorzubereiten – nicht als Verkaufsshow, sondern als professionellen Austausch auf Augenhöhe.

1. Grundhaltung & Vorbereitung

☐ Ich kenne den Zweck des Gesprächs (Erstkontakt, Entscheidung, Nachreichung).

☐ Ich weiß, welche Finanzierung konkret beantragt wird.

☐ Ich trete ruhig, sachlich und vorbereitet auf – nicht rechtfertigend.

☐ Ich habe ausreichend Zeit eingeplant und bin nicht unter Zeitdruck.

2. Businessplan – formale Vorbereitung

☐ Der Businessplan liegt als sauberes PDF vor.

☐ Alle Zahlen sind konsistent (keine widersprüchlichen Werte).

☐ Die Executive Summary ist aktuell und verständlich.

☐ Tabellen sind nachvollziehbar, nicht überladen.

☐ Eine kurze Pitch-Version (10–12 Folien) ist vorbereitet.

3. Geschäftsidee klar erklären

☐ Ich kann mein Konzept in 2–3 Sätzen erklären.

☐ Zielgruppe, Angebot und Positionierung sind klar.

☐ Ich weiß, warum dieses Konzept wirtschaftlich funktionieren soll.

☐ Ich kann erklären, warum ich bewusst auf bestimmte Dinge verzichte.

4. Umsatzannahmen sicher erklären

☐ Ich kenne meine Umsatzlogik (Gäste × Bon × Tage).

☐ Ich habe eine realistische Anlaufphase eingeplant.

☐ Ich kann erklären, warum meine Umsätze erreichbar sind.

☐ Ich weiß, wie sensibel der Umsatz auf Abweichungen reagiert.

Typische Bankfrage: *„Was passiert bei 10–20 % weniger Umsatz?"*

☐ Ich kann darauf ruhig antworten.

5. Kosten & Wirtschaftlichkeit

☐ Fixkosten sind vollständig erfasst.

☐ Wareneinsatz und Personalkosten sind realistisch angesetzt.

☐ Eigene Mitarbeit ist realistisch bewertet.

☐ Ich kenne meinen Deckungsbeitrag.

☐ Ich weiß, wo meine größten Kostenrisiken liegen.

6. Break-even & Sicherheit

☐ Ich kenne meinen Break-even.

☐ Der geplante Umsatz liegt spürbar darüber.

☐ Ich kann erklären, ab wann es kritisch wird.

☐ Ich habe realistische Stellschrauben benannt.

7. Liquidität

☐ Die Liquidität ist monatlich geplant (mind. Jahr 1).

☐ Eine Anlaufphase ist finanziell abgesichert.

☐ Eine Liquiditätsreserve ist eingeplant.

☐ Ich weiß, wann es eng werden könnte – und warum.

8. Investitions- & Kapitalbedarf

☐ Der Gesamtinvestitionsbedarf ist vollständig.

☐ Ich kann erklären, wofür Geld gebraucht wird – und wofür nicht.

☐ Startliquidität ist eingeplant, nicht nur Investitionen.

☐ Keine unrealistischen Einsparungen oder Lücken.

9. Eigenkapital

☐ Höhe und Herkunft des Eigenkapitals sind klar.

☐ Eigenkapital ist realistisch eingesetzt.

☐ Ich weiß, was als Eigenkapital anerkannt wird – und was nicht.

10. Fremdkapital & Rückzahlung

☐ Ich weiß, wie hoch der Fremdkapitalbedarf ist.

☐ Rückzahlungsraten sind tragbar.

☐ Finanzierung passt zur Liquiditätsplanung.

☐ Ich habe Puffer eingeplant.

11. Sicherheiten & Fördermittel

☐ Mögliche Sicherheiten sind bekannt und realistisch.

☐ Ich verspreche nichts, was ich nicht leisten kann.

☐ Fördermittel sind realistisch eingeplant – nicht vorausgesetzt.

☐ Bearbeitungszeiten sind berücksichtigt.

12. Szenarien & Risiken

☐ Es gibt Plan B und Plan C.

☐ Risiken sind offen benannt.

☐ Reaktionsmöglichkeiten sind umsetzbar.

☐ Mein Konzept ist nicht vom Idealfall abhängig.

13. Typische Bankfragen – bin ich vorbereitet?

☐ Warum genau dieses Konzept?

☐ Warum dieser Standort?

☐ Wie kommen Sie auf diese Umsätze?

☐ Was passiert bei Umsatzrückgang?

☐ Wie flexibel sind Ihre Kosten?

☐ Wie sichern Sie die Liquidität?

☐ Warum sind Sie die richtige Person dafür?

14. Gesprächsführung

☐ Ich höre zu, statt zu verteidigen.

☐ Ich erkläre Zahlen – ich rechtfertige sie nicht.

☐ Ich bleibe ruhig bei kritischen Fragen.

☐ Ich signalisiere Offenheit für Anpassungen.

15. Nach dem Gespräch

☐ Ich habe offene Punkte notiert.

☐ Ich weiß, welche Unterlagen nachgereicht werden sollen.

☐ Ich kenne den nächsten Schritt und Zeitrahmen.

☐ Ich reflektiere das Gespräch sachlich – nicht emotional.

Abschließender Realitätscheck

☐ Ich würde mit diesem Businessplan auch mein eigenes Geld investieren.

☐ Ich kann meine Zahlen erklären, ohne nervös zu werden.

☐ Mein Plan wirkt nicht perfekt – aber glaubwürdig.

So bist du gut vorbereitet.

Finale Worte

Abschluss & Ausblick

Wenn du dieses Buch bis hierhin gelesen hast, hast du bereits eine wichtige Entscheidung getroffen. Du hast dich nicht mit schnellen Antworten zufriedengegeben, sondern dich auf Zahlen, Zusammenhänge und Konsequenzen eingelassen. Du hast verstanden, dass ein Businessplan kein Pflichtdokument ist, sondern ein Werkzeug – für Klarheit, für Entscheidungen und für Verantwortung.

Du weißt jetzt, wie Umsätze realistisch hergeleitet werden, wie Kosten vollständig erfasst werden, wie Deckungsbeitrag und Break-even zusammenhängen und warum Liquidität wichtiger ist als jedes Gewinnversprechen. Vor allem aber hast du gelernt, wie ein Businessplan gedacht werden muss, damit er nicht nur auf dem Papier funktioniert, sondern im Alltag trägt. Kurz gesagt: Du hast heute das Handwerkszeug, um wirtschaftliche Entscheidungen bewusst und fundiert zu treffen.

Ein tragfähiger Businessplan macht den Weg in der Gastronomie nicht leicht. Aber er macht ihn überschaubar. Er schützt dich nicht vor jeder Fehlentscheidung, aber er hilft dir, Risiken früh zu erkennen, Alternativen zu denken und handlungsfähig zu bleiben. Genau das ist unternehmerische Professionalität.

Gastronomie ist kein Selbstläufer. Sie fordert Klarheit, Disziplin, Aufmerksamkeit und die Bereitschaft, Verantwortung zu übernehmen – auch dann, wenn Zahlen unbequem sind. Doch genau darin liegt ihre Stärke. Wer wirtschaftlich sauber plant, schafft sich Freiräume: für Gestaltung, für Entwicklung, für Qualität und für Menschlichkeit.

Du musst dabei nicht perfekt sein. Viele scheitern nicht an fehlendem Wissen, sondern am Aufschieben, an Angst vor Zahlen oder daran, sich zu lange an Wunschannahmen festzuhalten. Ein absolut perfekter Businessplan existiert nicht.

Was zählt, ist ein ehrlicher. Einer, der mitwächst, angepasst wird und dich begleitet, statt dich zu blockieren.

Dafür brauchst du keine komplizierten Modelle, sondern klare Logik. Viele wirtschaftlich erfolgreiche Betriebe arbeiten mit einfachen, gut verstandenen Strukturen. Sie kennen ihre Zahlen, ihre Grenzen und ihre Stellschrauben. Erfolg entsteht nicht durch Komplexität, sondern durch Verständlichkeit und Konsequenz.

Auch Erfahrung ist nicht alles. Du musst nicht jede Situation schon erlebt haben. Entscheidend ist, dass du bereit bist, zu lernen, zu hinterfragen und nachzuschärfen. Ein Businessplan ist kein Beweis deiner Unfehlbarkeit, sondern deiner Bereitschaft, Verantwortung zu übernehmen und dazuzulernen.

Auf deinem Weg wirst du Annahmen korrigieren müssen. Das ist kein Scheitern. Es ist Führung. Ein Plan, der angepasst wird, lebt. Ein Plan, der unangetastet bleibt, verliert seinen Wert. Nutze ihn als Frühwarnsystem, als Entscheidungsfilter und als Orientierung – nicht als starres Regelwerk.

Vergiss dabei nicht: Du triffst Entscheidungen nicht im luftleeren Raum. Gespräche mit Banken, Partner:innen, Lieferant:innen und deinem Team werden einfacher, wenn du deine Zahlen kennst und erklären kannst. Klarheit schafft Vertrauen – nach außen und nach innen.

Achte gleichzeitig gut auf dich. Wirtschaftlicher Druck entsteht oft dort, wo Überforderung ignoriert wird. Klare Strukturen, realistische Planung und regelmäßige Überprüfung sind keine Kontrolle, sondern Entlastung. Sie geben dir Sicherheit – und damit Ruhe.

Die Gastronomie braucht Menschen, die wirtschaftlich denken und menschlich handeln. Menschen, die bereit sind, Verantwortung zu übernehmen, statt Probleme zu verdrängen. Mit diesem Buch hast du gezeigt, dass du zu diesen Menschen gehören willst.

Wenn du dieses Buch jetzt schließt, nimm eines mit: Du bist vorbereitet. Nicht auf jede Situation – aber auf Entscheidungen.

Dein Businessplan ist kein Ziel. Er ist dein Begleiter.

Und genau so solltest du ihn nutzen.

Ich wünsche dir Klarheit, Standfestigkeit und den Mut, ehrlich zu rechnen – denn genau daraus entsteht unternehmerische Freiheit.

Bonus für dich:

Kostenlose Vorlagen & Arbeitshilfen

Du musst diesen Weg nicht allein gehen. Als Ergänzung zu diesem Buch stelle ich dir **praxisbewährte Vorlagen** zur Verfügung, die dich bei der Planung und Umsetzung deines gastronomischen Projekts konkret unterstützen.

Scanne den QR-Code und lade dir die Materialien kostenlos herunter:

www.gerold-dawidowsky.de

Gratis-Downloads

- **Starter-Checkliste**
  Damit du von Anfang an nichts Wichtiges vergisst

- **Businessplan-Vorlage (Word)**
  Klar strukturiert, praxisnah und sofort einsetzbar

- **Berechnungstabellen (Excel)**
  Für Kosten, Preise, Umsatz und Wirtschaftlichkeit

Die Vorlagen sind so aufgebaut, dass du sie **direkt im Alltag nutzen und an dein Konzept anpassen** kannst – ohne komplizierte Theorie.

Über den Autor

Gerold Dawidowsky ist Autor, Businessplan-Experte und Mentor für wirtschaftlich tragfähige Gastronomiekonzepte.

Die Gastronomie begleitet mich seit vielen Jahren – nicht nur als Ort des Genusses, sondern als unternehmerisches Umfeld mit eigenen Regeln, Chancen und Risiken. Ich habe Betriebe aufgebaut, begleitet, analysiert und bewertet. Dabei habe ich gelernt: Gute Ideen sind wichtig, aber erst klare Zahlen machen sie tragfähig.

Mein Weg durch die Branche war geprägt von praktischer Arbeit, wirtschaftlichen Entscheidungen und der Auseinandersetzung mit dem, was funktioniert – und dem, was nicht. Erfolge und Rückschläge gehören dazu. Genau diese Erfahrungen prägen meine Arbeit heute: nüchtern, praxisnah und ohne Schönfärberei.

Ich unterstütze Menschen in der Gastronomie dabei, wirtschaftliche Klarheit zu gewinnen. Mit strukturiertem Denken, realistischen Kalkulationen und praxiserprobten Werkzeugen. Dieser Ratgeber soll dabei helfen, den Businessplan nicht als Pflicht, sondern als Entscheidungs- und Führungsinstrument zu nutzen.

Ich glaube an eine Gastronomie, die wirtschaftlich stabil ist und Verantwortung übernimmt. Eine Branche, in der Zahlen verstanden werden und unternehmerische Entscheidungen bewusst getroffen werden. Mit meinen Büchern möchte ich dazu beitragen, dass aus Ideen finanzierbare Vorhaben und langfristig tragfähige Betriebe entstehen.

www.ingramcontent.com/pod-product-compliance
Lightning Source LLC
Chambersburg PA
CBHW050002230526
45465CB00003BB/1220